2007 中国人口

2007 CHINA POPULATION

国家统计局人口和就业统计司　编

中国统计出版社
China Statistics Press

(京)新登字 041 号

图书在版编目（CIP）数据

2007 中国人口／国家统计局人口和就业统计司编.
– 北京：中国统计出版社，2008.10
ISBN 978-7-5037-5548-4

I. 2… II. 国… III. 人口－研究－中国－2007
IV. C924.24

中国版本图书馆 CIP 数据核字（2008）第 146519 号

2007 中国人口

作　　者／国家统计局人口和就业统计司
责任编辑／徐　涛
出版发行／中国统计出版社
通信地址／北京市西城区月坛南街 57 号　　　邮政编码／100826
办公地址／北京市丰台区西三环南路甲 6 号
电　　话／邮购(010)63376907　　书店(010)68783172
印　　刷／北京画中画印刷有限公司
经　　销／新华书店
开　　本／787 × 1092mm　　1/16
字　　数／266 千字
印　　张／18.5
版　　别／2008 年 12 月第 1 版
版　　次／2008 年 12 月北京第 1 次印刷
书　　号／ISBN　978-7-5037-5548-4/C · 2163
定　　价／80.00 元

编委会

序言

人口变动情况抽样调查是经国务院批准、由国家统计局组织实施的基本国情国力调查。调查开展以来，采集了大量的人口信息，为各级政府决策提供了可靠依据，为社会各界提供了丰实的统计信息，受到广泛的好评。

《2007中国人口》利用2007年人口变动情况抽样调查资料，分析论述了中国的人口现状和发展态势，并对我国改革开放30年来的人口发展状况进行了分析，可供各级领导、从事人口工作和关心中国人口问题的读者参考。

本书在编辑过程中得到了中国人民大学社会与人口学院的大力支持。

尽管我们为完成该书付出了很大努力，但由于水平有限，书中难免有不妥之处，敬请读者批评指正。

国家统计局人口和就业统计司

二〇〇八年九月

目　录

第一篇　2007 中国人口现状

一、人口发展概况

1.人口增长绝对量继续递减，出生率持续下降/4

2.人口自然增长率的区域差异主要源自出生水平差异/6

3.区域间人口规模和变动差异显著，城镇化水平继续提高/8

4.“人户分离”人口比重发达地区高、中西部地区低/12

5.总人口性别比略有下降，出生人口性别比依然偏高/16

6.人口老龄化程度加深，“人口红利期”仍在持续/18

二、性别年龄结构

1.总人口性别比略有下降，出生性别比依然高于正常水平/20

2.少年儿童人口性别比较高，分年龄人口性别比随年龄上升而下降/24

3.人口性别比地区间和地区内差异较大，各地区人口性别比逐步下降/27

4.人口老龄化持续快速上升，城乡差异明显/29

5.人口老龄化发展地区不均衡性显著，东部地区人口老龄化严重/31

6.总人口抚养比仍然较低，地区抚养比差异较大/35

三、妇女生育水平

1.中国持续稳定地处于低生育水平/38

2.出生人口的月份分布具有明显的中国文化习俗的烙印/41

3.生育率的老龄化趋势明显/42

四、人口死亡状况

1.受人口老龄化影响，我国人口粗死亡率持续上升/44
2.死亡人口的月份分布具有一定的季节性/46

五、婚姻与家庭

1.中国人口的婚姻仍然普遍和稳定/48
2.30岁以下人口未婚比例上升，中年人口离婚比例上升，老年人口丧偶比例下降/52
3.婚姻状况地区分化明显/56
4.城乡男女婚姻状况差异大,教育程度影响是主因/58
5.平均家庭户规模接近3人；家庭户类型以三人户和二代户为主/62
6.儿童和老人户主率提高；年龄别户主率性别差距较大/65
7.乡村有外出人口的家庭户比例更高,省际差异明显/67
8.有老年人的家庭户比例增加；城乡存在差异/70

六、受教育状况

1.文盲率继续下降，地区间文盲率差异仍然巨大/73
2.城乡人口受教育程度存在明显差异,乡村一百人中仅有一个大学生/75
3.西部地区特别是西北地区女性教育事业需要更多关注/79
4.老年女性特别是乡村老年女性是我国文盲和半文盲人口的主体/81
5.人口文化素质继续提高，城乡受教育程度差距仍然较大/85
6.西部特别是西南地区是我国人口受教育程度最低的地区/87
7.我国人口文化素质与发达国家差距还很大/92

七、流动人口

(一)流动人口的人口学特征/97

1.男女流动人口数量持平，流动人口性别比因类而异/97
2.流动人口以劳动年龄人口为主/98
3.流动人口平均受教育年限达9.49年/100
4.流动人口受教育水平地区差异显著,北京流动人口文化程度居全国之首/103
5.71.8%的流动人口有配偶；流动人口的婚姻状况有性别差异/105
6.68.47%的流动人口为农业户口/107
7.人口流动最主要的原因是“务工经商”/108
(二) 流动人口的流动特征/110
1.半数人口的流动跨越省界/110
2.京津沪粤浙流入人口以跨省为主/111
3.粤京浙沪闽共吸引全国44%的流动人口/113
4.粤京沪浙闽流入人口占当地常住人口比例均逾10%/115
5.京粤沪跨省流动人口吸引度最强；川皖豫跨省流动人口参与度最高/116
6.三成跨省流动人口来自川皖豫/118
(三) 流动儿童/119

第二篇　改革开放30年来的中国人口发展

一、性别年龄结构变化

1.30年来我国人口性别比基本保持在106左右/128
2.出生人口性别比持续升高，偏高势头依然强劲/129
3.人口老龄化快速发展，“人口红利”为经济发展创造了有利条件/131

二、生育水平

1.改革开放以来，中国实现了第二次生育率转变/134

2.生育率结构发生了深刻改变/140
3.城市地区：中国的极低生育率/145

三、死亡状况
1.30年来我国粗死亡率持续稳定处于低水平/150
2.人口的健康状况不断改善，中国进入了长寿社会/152
3.死亡率结构发生了根本改变/154

四、婚姻家庭
1.平均初婚年龄呈上升趋势；未婚、丧偶比例下降；有偶、离婚比例上升 /163
2.婚配年龄男女比例失调，婚姻挤压现象将逐渐严重/165
3.高龄老年人口丧偶问题突出/168
4.平均家庭户规模不断缩小，“四二一”家庭结构出现 /172
5.空巢家庭增多，“空巢”时间增长/174

五、受教育状况变化
1.人口粗文盲率持续下降/178
2.受过高等教育的人口比重日益增大/179
3.人均受教育年限提高，劳动力人口受教育年限与发达国家差距缩小/181

六、流动人口
1.数据来源及流动人口口径的界定/186
2.改革开放以来我国流动人口变动的九大趋势/188

附录一 世界人口状况

1.2007年世界人口达到66亿，年人口增长量为7000万，年人口增长率为1.1%/217

2.2007年世界人口平均生育率为2.7，平均预期寿命为68岁；生育率最低和预期寿命最高的国家都在东亚地区/221

3.世界各国普遍老龄化，2007年全世界60岁及以上老年人口超过7亿人/224

附录二 2007年中国主要人口数据

表1 各地区人口数及人口自然变动情况/229

表2 各地区城镇人口数及比重/230

表3 全国分年龄、性别的人口数/231

表4 各地区的年龄构成和抚养比/237

表5 各地区户数、人口数、平均家庭户规模和性别比/239

表6 各地区按家庭户规模分的户数/245

表7 各地区分性别、受教育程度的人口/249

表8 各地区分性别的15岁及15岁以上文盲人口/255

表9 各地区分性别、婚姻状况的人口/259

表10 全国15岁及15岁以上人口分年龄、性别的婚姻状况/265

表11 全国育龄妇女分年龄、孩次的生育状况/274

表12 全国分年龄、性别的死亡人口状况/278

第一篇

2007中国人口现状

一、人口发展概况

2007年全国人口变动情况抽样调查按照分层、多阶段、整群概率比例抽样方法，在全国共抽取了31个省（自治区、直辖市）的1894个县（市、区），3430个乡（镇、街道），5887个村（居）委会，共调查登记了常住人口119万人。

2007年我国人口的主要特征如下：人口增长绝对量继续递减，但规模依然庞大；出生率持续下降，死亡率自2004年以来连续第四年回升；总体上人口低出生、低死亡、低增长的阶段特征依然没有改变。死亡率水平地区差异不明显，各地区自然增长率主要受到出生率的影响。区域间人口规模和变动差异显著；城镇化水平继续提高，但非农化水平仍相对较低。“人户分离”人口比例发达地区高，中西部地区低；北京最高，西藏最低。总人口性别比略有下降，出生人口性别比依然偏高。老年人口比重不断攀升，人口老龄化程度加深；总抚养比有所下降，表明我国仍处于劳动力资源丰富、抚养负担相对较轻的“人口红利期”，有利于经济的快速发展。

1.人口增长绝对量继续递减，出生率持续下降

根据2007年全国人口变动情况抽样调查结果推算，2007年年底我国大陆人口总数为132129万人[①]，其中男性人口68048万人，女性人口64081万人。2007年全年净增人口681万，比2006年少增加11万(2006年我国净增人口692万)，人口增长的绝对数量在继续递减。

2007年，我国的出生率为12.10‰，死亡率为6.93‰，自然增长率为5.17‰。与2006年相比，出生率上升了0.01个千分点，死亡率上升了0.12个千分点，自然增长率下降了0.11个千分点。据此推算，2007年全国出生人口1594万人，死亡人口913万人。

2007年全国人口出生率比2006年略有升高，主要是受20−29岁育龄妇女人数增加影响，但总体上一直延续自1987年以来持续下降的趋势（表1−1−1，图1−1−1）。

需要注意的是，自2003年全国人口的死亡率降至1982年以来的最低点6.40‰以来，连续第四年显示出回升趋势，

①注：大陆31个省、自治区、直辖市人口，不含台湾省、香港和澳门地区的数据。

2004年为6.42‰，2005年为6.51‰，2006年为6.81‰，2007年上升至6.93‰。人口老龄化和高龄人口的增加，是死亡率呈现上升趋势的主要因素，说明我国人口年龄结构老龄化

表1-1-1 1978—2007年全国人口自然变动情况

单位：‰

年 份	出生率	死亡率	自 然 增长率	年 份	出生率	死亡率	自 然 增长率
1978	18.25	6.25	12.00	1993	18.09	6.64	11.45
1979	17.82	6.21	11.61	1994	17.70	6.49	11.21
1980	18.21	6.34	11.87	1995	17.12	6.57	10.55
1981	20.91	6.36	14.55	1996	16.98	6.56	10.42
1982	22.28	6.60	15.68	1997	16.57	6.51	10.06
1983	20.19	6.90	13.29	1998	15.64	6.50	9.14
1984	19.90	6.82	13.08	1999	14.64	6.46	8.18
1985	21.04	6.78	14.26	2000	14.03	6.45	7.58
1986	22.43	6.86	15.57	2001	13.68	6.43	6.95
1987	23.33	6.72	16.61	2002	12.86	6.41	6.45
1988	22.37	6.64	15.73	2003	12.41	6.40	6.01
1989	21.58	6.54	15.04	2004	12.29	6.42	5.87
1990	21.06	6.67	14.39	2005	12.40	6.51	5.98
1991	19.68	6.70	12.98	2006	12.09	6.81	5.28
1992	18.24	6.64	11.60	2007	12.10	6.93	5.17

资料来源：1982年以前数据为公安部门年报数；1982—1989年数据根据1982及1990年人口普查数据推算；1990—2000年资料根据2000年人口普查数据进行了调整；2001—2004年、2006年和2007年资料为人口变动情况抽样调查推算数；2005年资料根据2005年全国1%人口抽样调查推算。

的作用开始显现。

总体上，2007年我国人口低出生、低死亡、低增长的阶段特征依然没有改变，但是由于惯性作用，每年人口增长的绝对量仍相当可观。

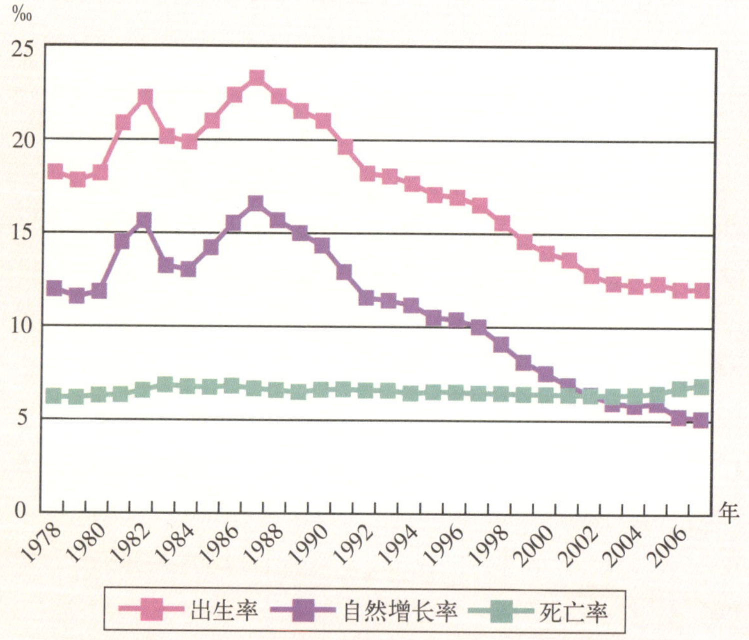

图1-1-1 1978－2007年中国人口自然变动情况

2.人口自然增长率的区域差异主要源自出生水平差异

2007年我国各省、市、自治区人口的死亡水平相差不大，与2006年相比，河北、山西、辽宁、吉林、黑龙江、上海、浙江、福建、山东、河南、湖北、广东、四川、陕西、甘肃、宁夏略有上升，其他地区呈下降趋势。死亡率水平最高的是江苏省，达到7.07‰，死亡率水平最低的是广东省，为4.66‰（表1-1-2）。

出生率的地区差异非常明显。2007年全国出生率为

表1-1-2 2007年全国各地区人口自然变动情况

单位：‰

地区	出生率	死亡率	自然增长率	地区	出生率	死亡率	自然增长率
全国	**12.10**	**6.93**	**5.17**	河南	11.26	6.32	4.94
北京	8.32	4.92	3.40	湖北	9.19	5.96	3.23
天津	7.91	5.86	2.05	湖南	11.96	6.71	5.25
河北	13.33	6.78	6.55	广东	11.96	4.66	7.30
山西	11.30	5.97	5.33	广西	14.19	5.99	8.20
内蒙古	10.21	5.73	4.48	海南	14.62	5.71	8.91
辽宁	6.89	5.36	1.53	重庆	10.10	6.30	3.80
吉林	7.55	5.05	2.50	四川	9.21	6.29	2.92
黑龙江	7.88	5.39	2.49	贵州	13.28	6.60	6.68
上海	9.07	6.03	3.04	云南	13.08	6.22	6.86
江苏	9.37	7.07	2.30	西藏	16.40	5.10	11.30
浙江	10.38	5.57	4.81	陕西	10.21	6.16	4.05
安徽	12.75	6.40	6.35	甘肃	13.14	6.65	6.49
福建	11.90	5.90	6.00	青海	14.93	6.13	8.80
江西	13.86	5.99	7.87	宁夏	14.80	5.04	9.76
山东	11.11	6.11	5.00	新疆	16.79	5.01	11.78

资料来源：本表数据根据2007年人口变动情况抽样调查数据推算。

12.10‰，出生率最低的辽宁省为6.89‰，不到全国平均水平的一半，天津、吉林、黑龙江三个省、市的出生率也低于8‰。新疆的出生率最高，达16.79‰，超过了全国平均水平4.69个千分点，极差值高达12.10个千分点。此外，广西、海南、西藏、青海、宁夏的出生率都超过14‰。总体上看，我国西部和部分中部地区的出生率较高，东部地区的出生率较低，地区间出生率水平差异明显。

各地区自然增长率主要受到出生率的影响，表现出明显的地区差异。辽宁省的自然增长率仅为1.53‰，是全国的最低水平；西藏的自然增长率最高，达到11.78‰，高出全国平均水平6.61个千分点；极差值为10.25个千分点。我国的自然增长率与出生率一样表现出西部地区高、东部地区低的特征。

3.区域间人口规模和变动差异显著，城镇化水平继续提高

2007年我国人口的地区分布②依次为：东部5.18亿，占全国人口总数的39.18%；中部4.18亿，占全国人口总数的31.67%；

②注：东部包括：北京、天津、河北、辽宁、上海、江苏、浙江、福建、山东、广东、海南11个省市；中部包括：山西、吉林、黑龙江、安徽、江西、河南、湖北、湖南8省；西部包括：内蒙古、广西、重庆、四川、贵州、云南、西藏、陕西、甘肃、青海、宁夏、新疆12个省、市、自治区。下同。

表1-1-3 2000-2007年我国各地区年底总人口

单位：万人

地区	2000年	2001年	2002年	2003年	2004年	2005年	2006年	2007年
全国	**126743**	**127627**	**128453**	**129227**	**129988**	**130756**	**131448**	**132129**
东部	**47684**	**47922**	**48231**	**48621**	**49251**	**50609**	**51177**	**51774**
北京	1357	1383	1423	1456	1493	1538	1581	1633
天津	1001	1004	1007	1011	1024	1043	1075	1115
河北	6674	6699	6735	6769	6809	6851	6898	6943
辽宁	4184	4194	4203	4210	4217	4221	4271	4298
上海	1641	1614	1625	1711	1742	1778	1815	1858
江苏	7327	7355	7381	7406	7433	7475	7550	7625
浙江	4596	4613	4647	4680	4720	4898	4980	5060
福建	3410	3440	3466	3488	3511	3535	3558	3581
山东	8998	9041	9082	9125	9180	9248	9309	9367
广东	7707	7783	7859	7954	8304	9194	9304	9449
海南	789	796	803	811	818	828	836	845
中部	**42182**	**42414**	**42596**	**42829**	**43037**	**41738**	**41797**	**41847**
山西	3248	3272	3294	3314	3335	3355	3375	3393
吉林	2682	2691	2699	2704	2709	2716	2723	2730
黑龙江	3807	3811	3813	3815	3817	3820	3823	3824
安徽	6286	6328	6338	6410	6461	6120	6110	6118
江西	4149	4186	4222	4254	4284	4311	4339	4368
河南	9488	9555	9613	9667	9717	9380	9392	9360
湖北	5960	5975	5988	6002	6016	5710	5693	5699
湖南	6562	6596	6629	6663	6698	6326	6342	6355
西部	**36192**	**36447**	**36691**	**36923**	**37127**	**35976**	**36157**	**36298**

续表

单位：万人

地区	2000年	2001年	2002年	2003年	2004年	2005年	2006年	2007年
内蒙古	2372	2377	2379	2380	2384	2386	2397	2405
广　西	4750	4788	4822	4857	4889	4660	4719	4768
重　庆	3092	3097	3107	3130	3122	2798	2808	2816
四　川	8602	8640	8673	8700	8725	8212	8169	8127
贵　州	3756	3799	3837	3870	3904	3730	3757	3762
云　南	4241	4287	4333	4376	4415	4450	4483	4514
西　藏	258	263	267	270	274	277	281	284
陕　西	3644	3659	3674	3690	3705	3720	3735	3748
甘　肃	2557	2575	2593	2603	2619	2594	2606	2617
青　海	517	523	529	534	539	543	548	552
宁　夏	554	563	572	580	588	596	604	610
新　疆	1849	1876	1905	1934	1963	2010	2050	2095

注：1.全国数据包括中国人民解放军现役军人数据，不含台湾省、香港和澳门地区的数据；分省数据中未含中国人民解放军现役军人数据。

2.2000年数据根据2000年人口普查数据进行了调整；2005年数据根据全国1%人口抽样调查数据推算；其它年份数据根据人口变动情况抽样调查推算。

西部3.63亿，占全国人口总数的27.47%，三大区域“东多西少”的人口格局基本没有发生明显的变化。

2007年河南、山东和广东仍然是全国前三位人口大省（表1-1-3），其中第一人口大省广东省的人口规模为9449万人，比2006年增加了145万人；山东省的人口规模为9367

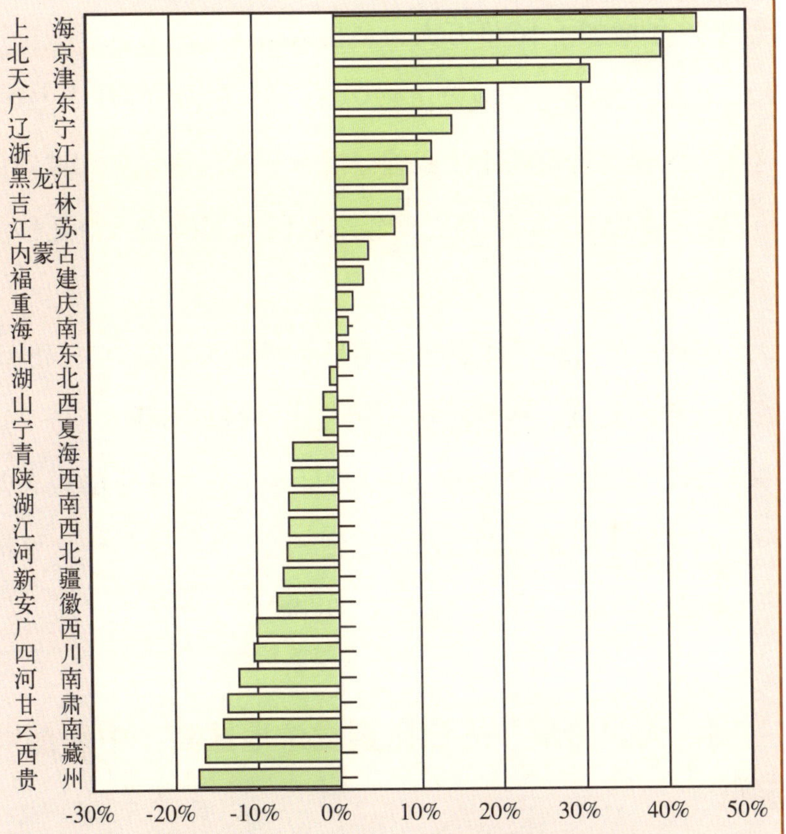

图1-1-2 2007年中国各地城镇化水平与全国平均水平的差异

万人，比2006年增加了58万人；河南省的人口规模为9360万人，比2006年减少了32万人。2006年广东省是第三人口大省，2007年跃居首位，人口规模增长迅速。

人口城镇化水平是反映人口城乡分布的指标，2007年底全国城镇人口比重为44.94%，与2006年相比，上升了

1.04个百分点。推算2007年全国城镇人口为59379万人，比2006年增加了1673万人；乡村人口72750万人，减少了992万人。我国人口城镇化水平继续呈现提高的基本态势，这在一定程度上反映出了我国经济水平的迅速发展和城镇化建设水平的提高,同时与近些年来我国大规模的人口迁移流动关系密切。

我国东西部地区城镇化水平呈现明显的差异，东部地区城镇化水平较高，西部地区城镇化水平较低（图1–1–2），一定程度上反映了我国东、西部地区经济发展水平的较大差距。城镇化水平最高的上海市达到88.70%，城镇化水平最低的贵州省为28.24%，极差为60.46个百分点。

4.“人户分离”人口比重发达地区高、中西部地区低

2007年全国人口变动情况抽样调查户口登记项目分别为：“居住在本户，户口在本乡、镇、街道”、“居住本户半年以上，户口在外乡、镇、街道”、“居住本户不满半年，户口在外乡、镇、街道，离开户口登记地半年以上”、“住本户，户口待定”。其中，第二、三种情况均属于“人户分离”。

2007年，全国“人户分离”的人口占总人口的比例为9.13%（图1–1–3），与2006年相比略有下降，其中“居住在

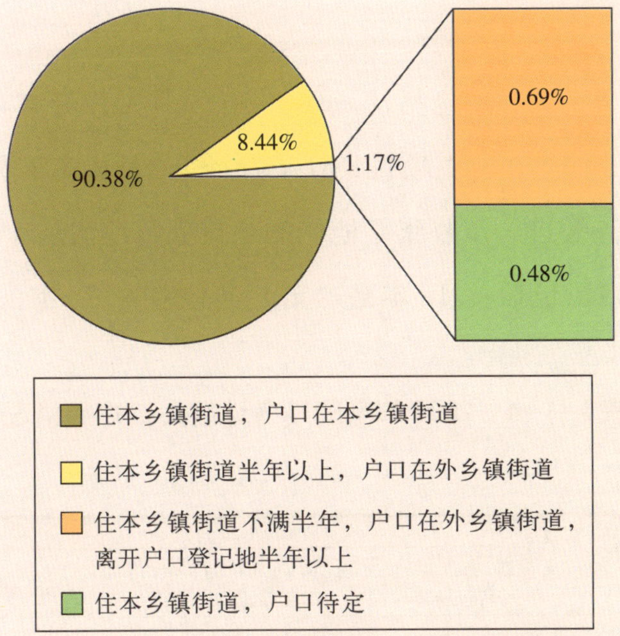

图1-1-3 2007年中国人口的户籍情况

本户半年以上，户口登记地在外乡、镇、街道”的人口仍是“人户分离”的主体，占全部“人户分离”人口的92.44%，比2006年上升0.82个百分点。

“人户分离”情况呈现十分明显的地区差异（表1-1-4）。2007年，全国有10个省、市、自治区的“人户分离”比例超过全国平均水平，依次为：北京(40.66%)、广东(29.78%)、上海(29.44%)、浙江(17.37%)、福建(14.52%)、天津（13.13%)、内蒙古(12.25%)、江苏（11.10%)、辽宁

(10.89%)、黑龙江（10.47%）。西藏的“人户分离”比例最低，仅为0.26%。

“人户分离”包括流动人口和市内人户分离两种情况。对于那些在调查项目R61上选择第2款或第3款的人，这次调查还进一步收集了他们的户口登记地信息（调查项目R62），包括：1.本县（市）其他乡；2.本县（市）

表1-1-4 2007年全国及各地区人口户籍情况

单位：%

地区	人户分离		
	流动人口占当地常住人口比例	市内人户分离占当地常住人口比例	合计
北京	27.22	13.44	40.66
天津	6.63	6.50	13.13
河北	3.93	1.19	5.12
山西	4.84	1.72	6.56
内蒙古	9.29	2.97	12.25
辽宁	7.13	3.76	10.89
吉林	4.49	2.73	7.21
黑龙江	7.50	2.96	10.47
上海	21.25	8.19	29.44
江苏	9.45	1.65	11.10
浙江	15.24	2.13	17.37
安徽	3.49	1.68	5.17
福建	12.19	2.33	14.52
江西	3.83	1.73	5.56

续表

单位：%

地区	人户分离		
	流动人口占当地常住人口比例	市内人户分离占当地常住人口比例	合计
山东	4.40	1.22	5.62
河南	1.94	0.83	2.77
湖北	5.53	1.97	7.50
湖南	2.13	1.21	3.33
广东	27.81	1.97	29.78
广西	2.12	0.54	2.66
海南	5.42	1.45	6.87
重庆	4.15	2.73	6.88
四川	3.87	1.45	5.32
贵州	4.17	0.95	5.12
云南	2.92	0.59	3.51
西藏	0.20	0.06	0.26
陕西	3.48	0.92	4.40
甘肃	1.11	0.72	1.83
青海	6.65	1.68	8.34
宁夏	4.47	1.90	6.38
新疆	3.97	0.41	4.39

资料来源：2007年人口变动情况抽样调查数据。

其他镇；3.本县（市）其他街道；4.本市区其他乡；5.本市区其他镇；6.本市区其他街道；7.本地（市）其他县（市、区）；8.本省其他地（市）；9.外省。在调查项目R62中选择1、2、

3、7、8、9的情况属于“流动人口”；选择4、5、6的情况属于“市内人户分离人口”。据表1-1-4可知，以北京为首的北京、天津、上海的市内人户分情况最为普遍，市内人户分离人口占当地常住人口比例要高于其他各省（市）；以广东为首的广东、北京、上海的流动人口最为常见，占当地常住人口百分比要高于其他各省（市）。

5.总人口性别比略有下降，出生人口性别比依然偏高

一般认为出生人口性别比的正常范围为103-107，我国自上世纪80年代以来开始出现出生人口性别比持续偏高的现象，1982年为107.6，1990年为111.3，2000年为116.9，2006年达到119.3，2007年全国出生人口性别比达到120.22，表明出生人口性别比偏高的态势仍没有减弱，这背后有着复杂的社会、经济和文化原因，综合治理出生人口性别比偏高问题是我国目前面临的一个严峻挑战。

2007年我国总人口性别比为106.19，比2006年下降了0.1个百分点；比1990年和2000年均有下降(表1-1-5)。北京、上海、江苏、西藏四个地区的总人口性别比低于100。自1990年以来，广西、海南、贵州三省区总人口性别比始终保持偏高态势，2007年这三个省区的总人口性别比均超过107。

表1-1-5　我国各地区总人口性别比

女=100

地　区	1990年	2000年	2005年	2006年	2007年
全　国	**106.60**	**106.30**	**106.30**	**106.29**	**106.19**
北　京	107.03	108.93	102.55	97.21	99.06
天　津	103.62	103.81	100.85	96.79	100.32
河　北	104.48	103.63	100.93	102.17	103.72
山　西	108.39	107.21	105.10	102.27	103.87
内蒙古	108.30	107.10	106.24	104.05	103.08
辽　宁	104.38	104.01	100.57	102.01	101.22
吉　林	104.89	104.89	104.29	102.41	102.64
黑龙江	105.14	104.54	102.43	103.23	102.12
上　海	104.14	105.68	100.90	98.71	99.29
江　苏	103.61	102.55	100.10	94.92	95.59
浙　江	106.37	105.51	102.99	101.87	104.68
安　徽	106.89	106.57	100.81	103.67	102.45
福　建	105.61	106.29	101.44	102.04	101.05
江　西	106.99	108.16	103.58	105.12	104.64
山　东	103.46	102.50	101.96	100.88	100.87
河　南	104.96	106.46	103.20	102.80	103.85
湖　北	106.45	108.61	107.64	102.47	103.39
湖　南	108.02	108.96	107.65	103.85	106.25
广　东	104.80	103.68	102.63	105.06	103.72
广　西	110.29	112.73	107.74	109.18	108.61
海　南	108.91	112.54	110.44	109.93	109.95
重　庆	-	107.98	101.56	102.56	102.56
四　川	107.50	106.97	105.35	103.23	101.14
贵　州	107.34	110.02	106.14	107.00	107.12
云　南	105.67	110.06	106.61	107.16	106.32

续表

女=100

地　区	1990年	2000年	2005年	2006年	2007年
西　藏	100.16	102.67	98.56	95.74	96.40
陕　西	107.95	108.20	105.93	101.19	101.55
甘　肃	107.54	107.59	105.93	102.53	102.82
青　海	107.61	106.69	104.49	103.14	102.74
宁　夏	105.45	105.26	101.41	103.83	103.08
新　疆	106.67	107.24	105.00	102.42	103.47

资料来源：1990年数据来自中国第四次人口普查资料分析（上），高等教育出版社，1996；2000年数据为2000年第五次人口普查汇总数据；2005年数据根据1%人口抽样调查资料计算；2006年和2007年数据根据人口变动情况抽样调查资料计算。

注：计算各地区人口性别比时，所使用的各地区男女人口数未经过修正。

6.人口老龄化程度加深，“人口红利期”仍在持续

我国人口正在不断老龄化。2007年我国的人口年龄结构延续了这一基本特征，表现为：0–14岁人口继续减少，15–64岁人口持续增加，65岁以上老年人口比重加速升高。2007年全国0–14岁人口为25659万人，占总人口的19.4%；15–59岁人口为91129万人，占69.0%；60岁及以上人口为15340万人，占11.6%；其中65岁及以上人口为10636万人，占8.1%。与2006年相比，0–14岁人口比重下降了0.4个百分点；15–59岁人口比重上升了0.1个百分点，15–64岁人口比重上升了

0.15个百分点；60岁及以上人口比重上升了0.3个百分点，65岁及以上人口比重上升了0.2个百分点。老年人口比重不断攀升，人口老龄化程度加深（表1－1－6）。

少儿人口比重的下降与老年人口比重的上升同时影响人口的总抚养比。2007年我国劳动年龄人口占72.50%，总人口抚养比为37.87%，比2006年减少0.35个百分点；少儿抚养比为26.77%，比2006年减少0.49个百分点；老年抚养比为11.10%，比2006年增加0.15个百分点。可见，目前我国仍处于劳动力资源丰富、负担相对较轻的“人口红利期”，有利于经济的快速发展。

表1-1-6 我国人口年龄结构

单位：万人、%

年份	年底总人口	各年龄组人口					
		0-14岁		15-64岁		65岁及以上	
		人口数	比重	人口数	比重	人口数	比重
1990	114333	31670	27.70	76260	66.70	6403	5.60
1995	121121	32218	26.60	81393	67.20	7510	6.20
2000	126743	29024	22.90	88847	70.10	8872	7.00
2005	130756	26504	20.27	94197	72.04	10055	7.69
2006	131448	25961	19.73	95068	72.35	10419	7.92
2007	132129	25659	19.40	95833	72.50	10636	8.10

数据来源：1990年、2000年人口普查数据、1995年、2005年1%人口抽样调查数据；2006年和2007年人口变动情况抽样调查数据。

二、性别年龄结构

性别年龄结构是人口最基本的构成，它既是以往人口变动的结果，也是未来人口发展变化的基础。性别构成和年龄构成是人口统计的基本任务之一，它是研究人口再生产，进行人口预测，研究人口与经济、社会、资源、环境等现象之间关系的基础。对我国人口性别和年龄构成进行分析可以反映人口再生产的现状与变化，揭示人口发展的特征与规律，为准确认识人口的变化与发展，解决重大人口问题，制定社会经济政策提供依据。

1.总人口性别比略有下降，出生性别比依然高于正常水平

性别比是分析人口性别结构状况的最常用指标。总人口性别比是指总人口中男性与女性之比，表示每100名女性相对应的男性数量。

根据调查结果推算，2007年我国男性人口68048万人，占全国总人口的51.5%；女性人口为64081万人，占48.5%。2007年全国总人口性别比为106.19，比2006年下降了0.1个百分点。

表1-2-1　1949年以来我国总人口性别比变化

女=100

年　份	性别比	年　份	性别比
1949	108.16	2001	105.99
1950	108.07	2002	106.06
1953	107.56	2003	106.20
1964	105.46	2004	106.29
1977	106.17	2005	106.30
1982	106.28	2006	106.29
1990	106.60	2007	106.19
2000	106.74		

资料来源：1949、1950、1953、1964、1977年数据来自《中国统计年鉴》；1982，1990和2000年为人口普查数据；2005年为1%人口抽样调查推算数据；其他年份为人口变动抽样调查推算数据。

1949年以来，我国人口性别比总体趋势在下降，但下降幅度较小，各时期略有波动，特别是20世纪80年代以来（见图1-2-1）。我国总人口性别比从20世纪50年代初的108左右下降到目前的106。进入21世纪以后，我国总人口性别比一直在106上下波动。

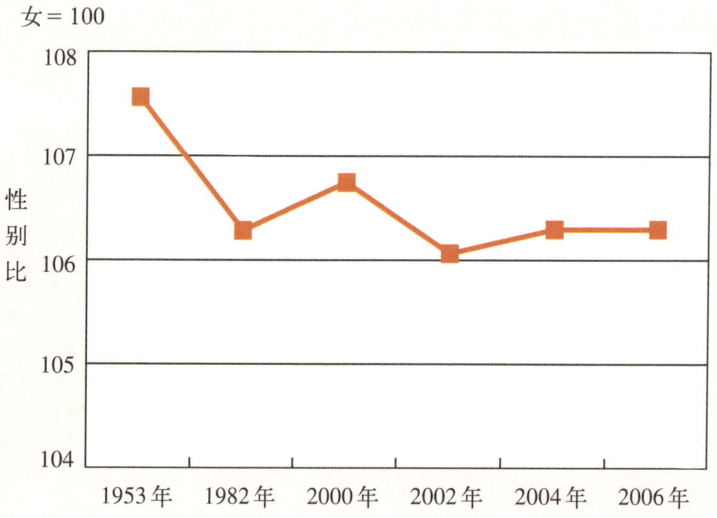

图1-2-1 中国人口性别比变化

资料来源：同表1-2-1。

出生人口性别比是衡量一个国家性别构成的另一个重要指标。它是指出生婴儿中男婴和女婴人数之比，通常以每出生100名女婴数对应的出生男婴数来表示。2007年全国出生人口性别比为120.22，比2006年上升了0.97个百分点，依然远远高于正常水平。这表明我国出生人口性别比偏高的态势仍没有减弱。

1982年以来我国出生人口性别比变化的总体特征是：出生人口性别比在波动中不断上升（见图1-2-2）。从20世

表1-2-2 20世纪80年代以来我国出生人口性别比变化

女=100

年　份	出生人口性别比	年　份	出生人口性别比
1982	108.50	2003	117.50
1985	114.10	2004	121.20
1995	115.60	2005	120.50
2000	116.90	2006	119.25
2001	115.70	2007	120.22
2002	119.90		

资料来源：1982、2000年为人口普查数据；1995、2005年为1%人口抽样调查推算数据；其他年份为人口变动情况抽样调查推算数据。

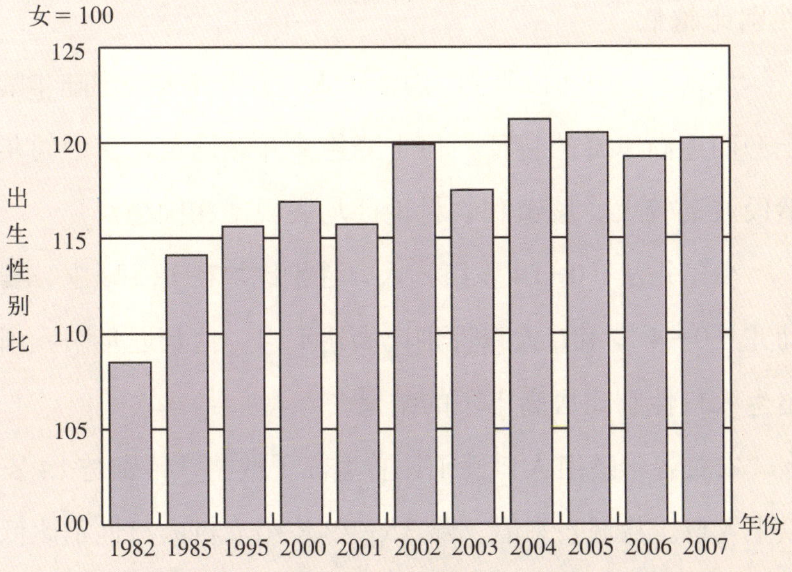

图1-2-2 全国人口出生性别比

资料来源：同表1-2-2。

纪80年代开始，我国出生人口性别比急剧上升，已经远远超过了正常水平，2007年出生性别比持续偏高的趋势仍然没有明显改变。

2.少年儿童人口性别比较高，分年龄人口性别比随年龄上升而下降

人口性别比变化的一般规律是：随着年龄的上升，性别比逐渐下降。在人口的年龄结构上表现为少年儿童人口中男性多于女性，成年或中年人口中男性与女性人口数量基本平衡，而进入老年期，女性人口多于男性，而且年龄越高，性别比越低。

从表1-2-3可以看到，总体上人口性别比表现出随年龄上升而逐渐下降的特征，但下降趋势并非稳定，在中间年龄段波动较大，城镇和农村地区均表现出相同趋势。

少年儿童（0-14岁组）人口性别比均在115以上，婴幼儿（0-4岁组）人口性别比高达124。这是近年来我国出生人口性别比居高不下的结果。

农村各年龄组人口性别比普遍高于城镇，特别是14岁以下人口。从城乡来看，除35-49岁组农村人口性别比低于城市外，农村其他各年龄组的人口性别比均超过城镇。特别是0-4岁组，农村人口性别比高出城镇10个百分点。

表1-2-3　2007年我国分年龄人口性别比

女=100

年龄	性别比			年龄	性别比		
	全国	城镇	农村		全国	城镇	农村
0-4	123.59	117.42	127.57	45-49	99.49	100.54	98.58
5-9	120.53	119.94	120.90	50-54	101.67	99.68	103.24
10-14	116.45	114.93	117.40	55-59	102.04	97.26	105.64
15-19	112.81	112.48	113.06	60-64	103.58	98.74	107.19
20-24	96.10	92.34	100.04	65-69	103.79	95.10	110.92
25-29	94.27	91.74	97.06	70-74	97.24	94.26	99.61
30-34	96.59	95.52	97.70	75-79	92.26	93.12	91.62
35-39	98.03	99.29	96.87	80+	71.00	76.23	67.33
40-44	99.06	100.18	98.11				

资料来源：根据2007年人口变动情况抽样调查资料计算。

注：计算各年龄组人口性别比时，所使用的各年龄组男女人口数未经修正。

值得注意的是城镇与农村0—9岁组人口性别比变化趋势并不相同。农村0—4岁组人口性别比高达128，比5—9岁组高出约7个百分点；城镇却相反，5—9岁人口性别比超过0—4岁约3个百分点。这表明全国少年儿童人口性别比较高的状况主要是由于农村少年儿童人口性别比较高所导致；在全国出生人口性别比偏高势头未得到有效遏制的情况下，农村出生人口性别比显著高于城镇。这表明最近一段时期农村出生人

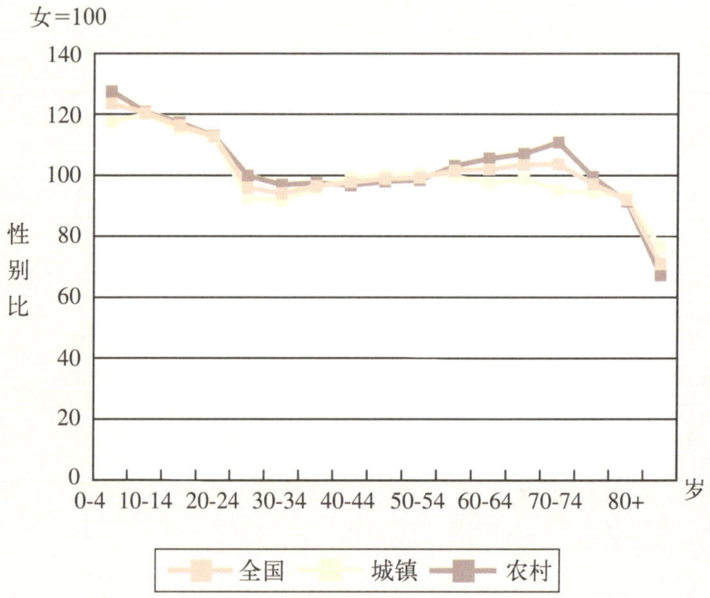

图1-2-3　全国分年龄人口性别比

口性别比仍然较高，而城镇出生人口性别比较高的势头逐步得到遏制。

在20-49岁人口中，人口性别比均低于100。按人口发展规律，这种情况是不可能出现的，这些年龄组过低的人口性别比可能是由于男性人口漏报、瞒报所导致。

随着年龄的上升，人口性别比大幅下降。到70岁以后人口性别比低于100，到80岁以上人口性别比已经下降到70左右。

3.人口性别比地区间和地区内差异较大，各地区人口性别比逐步下降

2007年全国人口性别比为106.19，但各地区间人口性别比的差异较大。从表1-2-4可以看出，全国31个省、自治区、直辖市中，人口性别比在99-110之间波动，西部地区人口性别比略高于东中部地区。北京、上海、江苏等地区人口性别比低于100，云南、贵州等省份人口性别比在106以上。人口性别比地区内的差异也较大，东部地区人口性别比最高的海南省（110）与人口性别比最低的江苏省（96）相差14个百分点；同处西部地区，人口性别比最低的西藏自治区（96）与人口性别比最高的贵州省（107）相差11个百分点。可见，人口性别比的地区间和地区内的差异较大。

全国各地区人口性别比在逐步下降。从表1-2-4可以看出，从20世纪90年代以来，除个别省份（海南省和云南省）外，中国各省（自治区、直辖市）人口性别比表现出逐步下降的趋势。从1990年到2007年，人口性别比下降幅度较大的是东部地区的江苏、北京和上海，中部地区的山西、安徽和湖北，西部地区的陕西、四川和内蒙古。值得注意的是东部地区的海南和西部地区的云南两省人口性别比有所提高。

表1–2–4 我国各地区人口性别比变化

女＝100

地区	性别比			
	1990年	2000年	2005年	2007年
北京	107.03	106.07	102.55	99.07
天津	103.62	101.10	100.85	100.32
河北	104.48	102.95	100.93	103.72
山西	108.39	105.85	105.10	103.86
内蒙古	108.3	105.84	106.24	103.09
辽宁	104.38	102.56	100.57	101.22
吉林	104.89	103.75	104.29	102.64
黑龙江	105.14	103.44	102.43	102.12
上海	104.14	103.00	100.90	99.30
江苏	103.61	100.94	100.10	95.58
浙江	106.37	104.09	102.99	104.69
安徽	106.89	105.37	100.81	102.45
福建	105.61	104.56	101.44	101.06
江西	106.99	105.78	103.58	104.64
山东	103.46	101.62	101.96	100.87
河南	104.96	106.02	103.20	103.86
湖北	106.45	106.31	107.64	103.39
湖南	108.02	108.29	107.65	106.25
广东	104.8	103.00	102.63	103.72
广西	110.29	112.39	107.74	108.61
海南	108.91	111.66	110.44	109.93
重庆	-	105.21	101.56	102.55
四川	107.5	104.79	105.35	101.14
贵州	107.34	109.09	106.14	107.12

续表

女＝100

地　区	性别比			
	1990年	2000年	2005年	2007年
云　南	105.67	108.12	106.61	106.31
西　藏	100.16	99.28	98.56	96.43
陕　西	107.95	106.85	105.93	101.55
甘　肃	107.54	106.40	105.93	102.82
青　海	107.61	104.10	104.49	102.73
宁　夏	105.45	103.94	101.41	103.07
新　疆	106.67	105.79	105.00	103.47

资料来源：1990年数据出自查瑞传等，《中国第四次全国人口普查资料分析》（上），高等教育出版社，1996；2000年数据出自国务院人口普查办公室，国家统计局人口和社会科技统计司编《中国2000年全国人口普查资料》，中国统计出版社，2002；2005年数据出自国家统计局人口和就业统计司编《2005中国人口》，中国统计出版社，2006；2007年数据根据2007年人口变动情况抽样调查资料计算。

注：计算各地区人口性别比时，所使用的各地区男女人口数未经修正。

4.人口老龄化持续快速上升，城乡差异明显

人口年龄结构变化对经济社会发展有着重大的意义。不同年龄结构的人口其生产、消费和创新等能力是不同的。人口老龄化是当今世界各国的一个普遍趋势，它对经济社会的发展有着深刻的影响。人口老龄化即人口年龄结构老龄化是指总人口中老年人口所占比例不断上升的动态过程。我国在2000年进入老龄型人口后，人口老龄化发展迅速。

从表1-1-6可以看出，2007年我国65岁及以上人口达到10636万，占总人口的8.1%，比2006年上升了0.18个百分点，上升速度较快。0-14岁组人口为25659万，比2006年减少了300万人，占总人口的19.4%，比2006年下降了0.33个百分点；15-64岁组人口为95794万，占总人口的72.5%，比2006年上升了0.15个百分点。中国60岁及以上老年人口数超过1.53亿人，比2006增加了439万人，占总人口比例达到11.6%。

从1995年到2007年，我国人口年龄结构的总体变化特征是：少年儿童人口（0-14岁）数量持续减少，比重快速下降，而劳动年龄人口（15-64岁）在数量增长的同时比重稳步上升；老年人口（65岁及以上）比重也处于持续上升过程中，提高速度较快，1990-2000年的10年间提高1.4个百分点，年均提高0.14个百分点；2000-2007年的7年间提高1.1个百分点，年均提高0.16个百分点。从表1-1-6可以看出，少年儿童人口从1995年的3.22亿下降到目前的2.57亿，已经减少了近6600万人。劳动年龄人口从8.14亿上升到2007年的9.58亿，增加了1.44亿人。65岁及以上老年人口则从7500万增加到了10636万，增加了3100多万人。随着我国生育水平的持续下降，人均寿命的不断增长，少年儿童人口比重下降和老年人口比重上升的趋势将日益明显。少年儿童人口的持续减少将加速人口老龄化的进程。

5. 人口老龄化发展地区不均衡性显著，东部地区人口老龄化严重

由于各地经济社会发展水平不同，民族构成不同，社会经济政策和人口政策的差异，医疗卫生水平和人均寿命的差异，导致各地人口发展表现出不同的特征，人口转变时间与速度不一致。就全国而言，部分地区已经进入了老龄社会，甚至达到较高水平；部分地区则刚刚进入，人口老龄化水平较低；还有一部分地区人口尚未进入老年型，人口年龄结构还属于成年型。可见，人口老龄化发展的地区不平衡性是我国人口老龄化的特征之一。

从表1-2-5可以看出，2007年上海65岁及以上老年人口比例已经达到14.25%，已经与加拿大、澳大利亚等发达国家的人口老龄化程度相同，是全国各省市中人口老龄化程度最高的。宁夏人口老龄化程度最低，仅为6.24%，尚未进入老年型人口。目前，我国人口老龄化程度最高与最低省份之间相差8个百分点，人口老龄化程度地区差异比较显著。人口老龄化严重的地区出生率很低，2007年上海、北京、天津人口出生率分别为9.07‰、8.32‰和7.91‰，而宁夏、青海、西藏、新疆等省人口老龄化程度低，这些地区人口出生率均

表1-2-5 2007年全国各地区人口老龄化程度

单位：%

地 区	65岁以上	地 区	65岁以上	地 区	65岁以上
上 海	14.25	湖 北	9.88	甘 肃	7.82
重 庆	11.68	山 东	9.74	河 南	7.57
江 苏	11.15	陕 西	9.64	云 南	7.45
四 川	10.99	广 西	9.19	广 东	7.36
天 津	10.86	江 西	8.95	山 西	7.30
辽 宁	10.63	黑龙江	8.94	新 疆	6.81
浙 江	10.63	河 北	8.86	西 藏	6.63
安 徽	10.50	海 南	8.86	青 海	6.53
湖 南	10.33	吉 林	8.81	宁 夏	6.24
北 京	10.20	贵 州	8.30		
福 建	10.08	内蒙古	8.17		

资料来源：根据2007年人口变动情况抽样调查资料计算。

注：计算各地区人口老龄化程度时，所使用的人口数未经修正。

超过14‰。

按人口老龄化程度可以将全国各省份分为四类地区，分别是一类地区人口老龄化程度高于10.0%，二类地区人口老龄化程度介于8.0%–10.0%之间，三类地区为7.0%–8.0%之间，四类为7.0%以下。

从表1-2-6可以看到，一类地区包含了全国人口老龄化

表1-2-6 2007年全国各地人口老龄化程度分类

单位：%

地区类别	人口老龄化程度（65岁以上）	省份
一类地区	10.0以上	北京、天津、辽宁、上海、江苏、浙江、安徽、福建、湖南、重庆、四川
二类地区	8.0–10.0	湖北、山东、陕西、广西、江西、黑龙江、河北、海南、吉林、贵州、内蒙古
三类地区	7.0–8.0	广东、甘肃、河南、山西、云南
四类地区	7.0以下	西藏、青海、宁夏、新疆

资料来源：根据2007年人口变动情况抽样调查资料计算。

程度最高的11个省份，比2006年多3个。二类地区人口老龄化水平高于全国平均水平，共有11个。三类地区已经进入老年型社会，但人口老龄化水平低于全国平均水平，共有5个。四类地区属于尚未进入人口老年型社会的地区，人口年龄结构还比较年轻，共有4个，比2006年减少1个。与2006年相比，一类地区在明显增多，而四类地区在减少。这说明我国绝大多数省份都已经面临人口老龄化的挑战。

如果将全国分为东、中、西三个地区，则全国人口老龄化的区域差异非常明显，西部人口老龄化区域内差异大于东、中部地区。从表1－2－7可以看出，一类地区中，以东部地区为主，共占7个。二类地区中，以中西部地区为主，各占4个。三类地区中，仍以中西部地区为主，各占2个。在第四类地区中，全是西部地区省份，共4个。因此，从三大区域来看，东中部地区人口老龄化程度普遍高于西部地区。

另外，西部地区在四类地区均有分布，一类和二类地区分别有2个和4个，三类和四类地区分别有2个和4个。这说明我国人口老龄化不但地区间差异很大，而且西部省份间人口老龄化程度差距也很大。西部地区部分省份在经济发展水平不高的情况下仍然要面临人口老龄化的严峻挑战，大力发展经济和应对人口老龄化的压力对西部地区今后的发展是一个巨大考验。

表1－2－7　2007年全国人口老龄化地区分布

单位：个

地　区	一类地区(10.0%以上)	二类地区(8.0%–10.0%)	三类地区(7.0%–8.0%)	四类地区(7.0%以下)
东　部	7	3	1	0
中　部	2	4	2	0
西　部	2	4	2	4

资料来源：根据2007年人口变动情况抽样调查资料计算。

6.总人口抚养比仍然较低，地区抚养比差异较大

2007年，我国劳动年龄人口占总人口的比重为72.50%，总人口的抚养比为37.93%，少儿抚养比为26.76%，老年抚养比为11.17%。可见，我国总人口的抚养比仍然较低，少儿抚养比和老年抚养比都很低。这种人口年龄结构表明我国劳动力资源还相当充足，劳动年龄人口负担轻，当前我国的人口结构仍然有利于经济发展。

分地区看，我国西南地区抚养比最高，东北地区抚养比最低，全国八大经济区域抚养比差异明显。根据抚养比的情况，我们将全国八大经济区域分为四类地区(见表1-2-8)。

第一类地区总抚养比最低，老年抚养比较高，少儿抚养比较低。这类地区主要是东北地区，总抚养比小于30%，劳动年龄人口所占比重超过75%。属于这个地区的省份主要是辽宁、吉林和黑龙江。由于东北是全国出生率最低的地区，少儿人口比重低。因此，东北地区的总抚养比和少儿抚养比也是全国最低。这类地区劳动力资源丰富，老年抚养比不高，当前的人口环境有利于经济的发展。

第二类地区总抚养比在30%–40%之间。这类地区涵盖了东部和南部沿海地区、黄河中游地区。这些地区经济发展水平较高，属于全国劳动年龄人口流动和集中的中心，

表1-2-8 2007年全国各地区人口抚养比

单位：%

地区	年龄结构			抚养比		
	0–14岁	15–64岁	65岁及以上	总抚养比	少儿抚养比	老年抚养比
东北地区（辽宁、吉林、黑龙江）	12.95	77.47	9.58	29.08	16.72	12.36
北部沿海地区（山东、河北、北京、天津）	15.19	75.29	9.52	32.81	20.17	12.65
东部沿海地区（上海、江苏、浙江）	13.60	75.03	11.36	33.27	18.13	15.14
南部沿海地区（广东、福建、海南）	18.87	72.97	8.16	37.04	25.86	11.18
黄河中游地区（陕西、河南、山西、内蒙古）	19.03	72.96	8.01	37.06	26.08	10.97
西北地区（甘肃、青海、宁夏、西藏、新疆）	21.43	71.42	7.15	40.02	30.01	10.02
长江中游地区（湖南、湖北、江西、安徽）	18.75	71.25	10.00	40.35	26.32	14.03
西南地区（广西、云南、贵州、四川、重庆）	21.56	68.81	9.63	45.33	31.34	13.99

资料来源：根据2007年人口变动情况抽样调查资料计算。

注：八大经济区域的分类依据国务院发展研究中心的标准。计算年龄结构和抚养比时，所使用的各年龄组人口数未经修正。

劳动力资源十分丰富。因此，劳动年龄人口所占比重在

73%–75%之间。东部沿海地区老年抚养比位列全国之最，但较低的人口出生率和大量的劳动力资源使得总抚养比较低。第二类地区是全国经济发展最快，人口老龄化速度也最快的地区。这类地区经济社会的迅速发展为化解人口老龄化带来的挑战提供了较好的经济基础。

第三类地区总抚养比在40%–45%之间。这类地区涵盖了西北地区和长江中下游地区。人口老龄化程度处于中等水平，由于人口出生率较高，少年儿童比例也较高。另外，西北地区也是劳动力输出较多的地区，劳动力资源的缩小和少儿抚养比较高导致总抚养比升高。

第四类地区总抚养比超过45%。属于这类地区的是西南地区。西南地区是全国人口出生率较高，劳动力输出较多的地区。少儿人口比重较大，人口老龄化程度相对较高，加上大量劳动年龄人口的外流，使总抚养比、少儿抚养比和老年抚养比较高。

三、妇女生育水平

1.中国持续稳定地处于低生育水平

在经济高速发展、城市化快速推进、统筹解决人口问题和建设和谐社会的背景下，我国的生育率不断走低，并大大低于更替水平。根据2007年人口变动抽样调查数据估算，我国的总和生育率为1.59，表明我国生育率持续稳定地处于低生育水平。国际机构提供了对我国生育率类似的估计，例如根据美国人口咨询局发表的2007年世界人口数据表，我国的总和生育率为1.6；而根据联合国人口司发表的世界人口数据，我国的总和生育率为1.7。

根据美国人口咨询局的数据，我国目前的生育水平已经达到发达国家的整体水平(1.6)，比中国之外的发展中地区(3.3)低一半。包括中国在内的发展中地区的总和生育率为2.9，因此，我国的低生育率使发展中国家的平均生育水平下降了14%。在世界各国中，与我国生育水平类似的国家主要都是发达国家，其经济发展水平远远高于我国；而经济发展水平与我国类似的国家，其生育率多数大大高于我国。有研究表明，按照世界各国的社会经济发展水平和生育率的关系来估算，我国目前的生育水平将比实际水平高出近一倍。

在生育率稳定在低水平的同时，由于受年龄结构的影响，2007年我国的出生率和出生人数比2006年略有上升。与2006年相比，出生率上升了0.01个千分点，出生人数增加了10万人。我国正在出现第四次人口出生高峰，未来几年的出生率和出生人数将会继续上升。但是因生育水平较

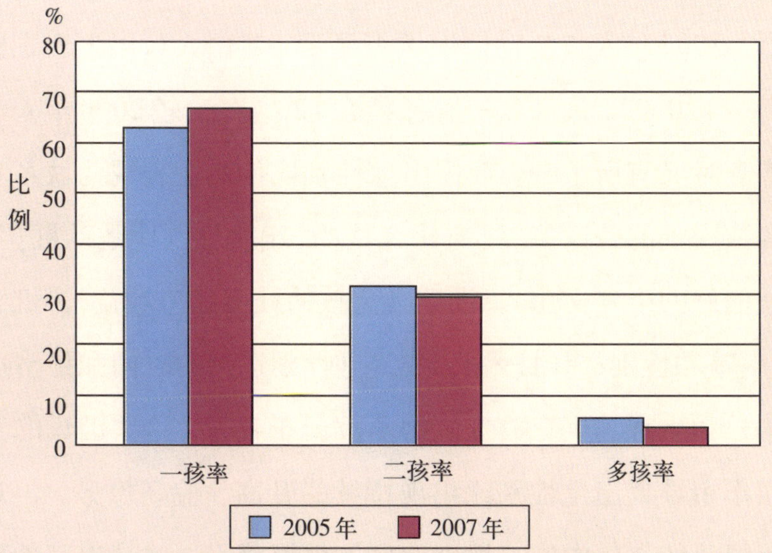

图1-3-1 我国生育率的孩次结构

资料来源：2005年1%人口抽样调查和2007年人口变动情况抽样调查。

低、婚育年龄推迟等的影响，我国的第四次出生高峰相比于以前的出生高峰，则要明显小得多，以至于有的学者认为在某种程度上第四次出生高峰称不上是真正的出生高峰，甚至可以说是不存在的。

在保持稳定的低生育水平的同时，我国妇女生育的孩次结构在继续发生变化，表现为一孩率继续上升，而二孩和多孩率继续下降（图1–3–1）。2007年，在全部出生人口中，一孩比例超过三分之二，二孩比例不到30%，多孩比例仅3.7%；与2005年相比，一孩比例上升约4个百分点，而二孩比例和多孩比例则分别下降了约2个百分点。

我国在低生育水平下，性别偏好仍然表现得十分强烈。2007年人口变动情况调查显示，我国人口出生性别比高达120.22，近几年一直保持在120左右，较2000年人口普查时又有所上升。我国出生性别比偏高已表现为城乡和各孩次上的普遍偏高。有研究认为，出生性别比是动机（男孩偏好的生育文化）、准则（男孩的社会经济利益）、机会（生殖和性别选择技术）、成本（性别选择的时间和经济成本）和生育（生育数量）的函数。在我国，这些因素的共同作用导致出生性别比出现持续的升高、偏高趋势。但是我国传统文化中的“性别偏好”根深蒂固，这是生育性别选择的根本原因。

2. 出生人口的月份分布具有明显的中国文化习俗的烙印

受我国文化习俗的影响，我国的婚嫁在每年出现几个高峰；相应地，妇女生育在不同月份也有波动。表1–3–1显示，我国2007年出生人口的月份分布很不均匀，冬季出生人口明显多于夏季。这显然与我国的春节有很大关系，也

表1–3–1　2007年出生人口的月份分布

单位：%

月　份	合　计	男	女
1	8.36	8.06	8.73
2	8.25	8.38	8.10
3	8.52	8.23	8.85
4	7.54	7.92	7.06
5	7.59	7.66	7.51
6	7.49	7.83	7.08
7	8.03	8.02	8.07
8	8.07	7.99	8.17
9	6.74	6.60	6.90
10	7.23	6.89	7.65
11	10.71	11.01	10.35
12	11.48	11.43	11.55
合计	100.00	100.00	100.00

资料来源：2007年人口变动情况抽样调查。

与气候有一定关系。2007年11–12月的出生人口都占10%以上，是各月分布的最高峰，比低谷的9月份多4–5个百分点。在我国，由于人们往往选择春节期间结婚，因而11–12月份生育孩子较多。另一个结婚高峰是五一期间，因而第二年的3月份生育孩子也较多。同样8月份出生人口比例也较高，这又是上一年十一期间的又一个结婚高峰的结果。男婴和女婴人口的月份分布都显示这样的特点。

3.生育率的老龄化趋势明显

近年来我国生育率变化的一个重要特征是生育率的老龄化趋势。我们定义生育率老龄化为30岁及以上年龄的累积生育率占总和生育率比例的上升趋势。2000年人口普查时，这一比例为14.8%，2005年1%人口抽样调查的这一比例为20.4%，而2007年人口变动情况调查的这一比例上升到29.7%。2007年的比例达到了2000年的2倍。图1–3–2显示了2005–2007年分年龄生育率的变化趋势。图中明显反映了生育率老龄化趋势：较高年龄的生育率在不断提高，而较低年龄的生育率在不断下降。实际上2005–2007年总和生育率基本上没有变化，但是生育率年龄结构正在发生重要的变化。图中显示，从27岁开始，后一年的生育率都高于前一年的生育率，这种变化非常一致和明显。生育率年龄结构的这种变化正是婚育年龄不断推迟的结果。从 2005−2007 年，我国妇女初育年龄在 2 年里就推迟了 2 岁（由 24.59 岁提高到 26.59 岁），二、三孩生育年龄也有不同程度的推迟。生育率的老龄化趋势值得关注，计划生育政策和服务需要应对这一趋势。

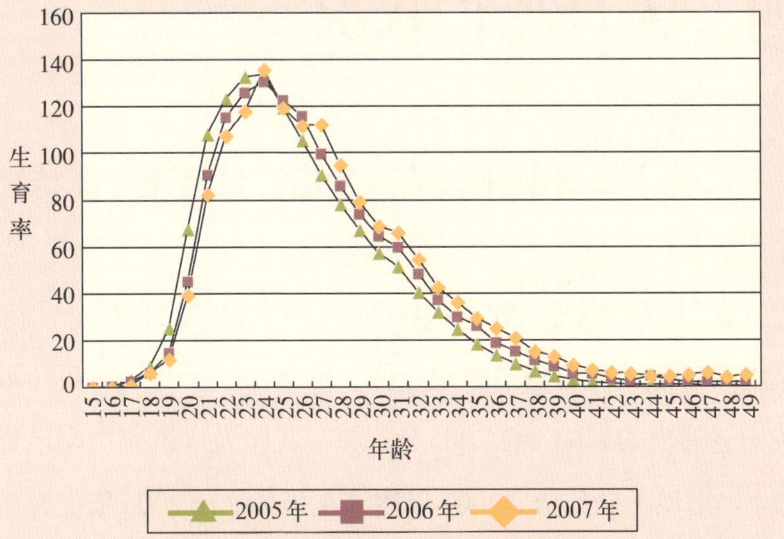

图1−3−2　我国生育率的年龄模式

四、人口死亡状况

1. 受人口老龄化影响，我国人口粗死亡率持续上升

自1977年以来，我国人口粗死亡率一直稳定在6‰－7‰，总体的趋势是在波动中缓慢下降。但是由于受我国人口年龄结构老龄化的影响，自2003年以来，我国人口粗死亡率已连续4年出现上升趋势，2007年达到6.93‰，比2006年上升了0.12个千分点。尽管2007年的粗出生率比2006年略有回升，但是粗死亡率的上升幅度更大，导致自然增长率下降了0.11个千分点。由于粗死亡率的上升，我国2007年死亡人口超过900万人；我国在20世纪50年代初期和三年自然灾害期间死亡率很高的条件下，年度死亡人口曾超过900万人。

与我国人口低死亡率相一致，死亡率性别年龄差异表现为典型的“现代模式”。图1－4－1显示了2007年我国人口分性别年龄死亡率。与发达国家一样，我国人口死亡率年龄模式呈现J型，这是流行病转变至慢性退行性疾病阶段或慢性退行性疾病延迟期的死亡模式，死亡人口集中在老年人口。由于低年龄人口死亡率已经极低，未来的死亡率下降也将主要发生在老年人口，死亡模式将呈现矩形化趋势。图1－4－1显示，我国人口死亡率的性别差异除了0岁组以外，都是男性死亡率高于女性。死亡率性别比呈现两头低中间高的特点，与世界各国的趋势是一致的。但是0岁死亡率性别比过低，2007年低达40，反映了女婴死亡率大大超过男婴。中国女婴生存状况的恶化趋势没有得到改变，这是我国出生性别比升高、偏高的原因之一。

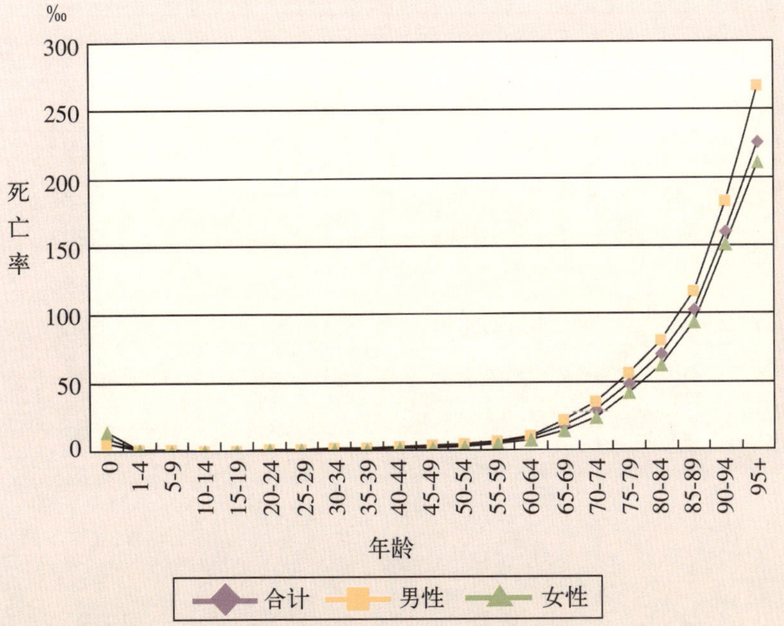

图1－4－1　2007年我国人口分性别年龄死亡率

2.死亡人口的月份分布具有一定的季节性

多年来，我国死亡人口的月份分布呈现出一定的季节性。2007 年，我国死亡人口的月份分布也是如此。虽然 2007 年大多数月份的死亡人口占 8% 左右，但是一个明显的特点是 7 月份有一个高峰、11 月份有一个低谷。7 月份死亡人口占 9.7%，而 11 月份死亡人口仅占 5.9%，两者相差 3.7

表 1-4-1　2007 年全国死亡人口按月分布

单位：%

月　份	小　计	男	女
1	7.68	7.55	7.85
2	8.26	8.31	8.16
3	8.95	8.83	9.10
4	8.15	8.23	8.06
5	8.69	8.31	9.20
6	7.62	7.97	7.15
7	9.66	10.25	8.89
8	9.17	9.20	9.17
9	8.47	7.60	9.62
10	9.35	9.75	8.82
11	5.94	5.77	6.18
12	8.05	8.23	7.81
合计	100.00	100.00	100.00

资料来源：2007 年人口变动情况抽样调查。

个百分点。7 月份为炎热的夏季，11 月份为清凉的秋季，对人们的患病、死亡产生不同的影响。另外，同属夏季的 8 月份，其死亡人口所占比例也较高。在以往年份中表现出的3月份死亡比例较高的特点，也体现在2007年的死亡人口月份分布中。男性和女性的死亡月份分布都表现出基本一致的模式。不过，男性死亡人口的月份分布差异要大于女性，峰值的时间有所不同。男性死亡人口最多的是 7 月份，超过10%；而女性死亡人口最多的是9月份，达到9.6%。这些差异可能与抽样的随机波动及样本量有一定关系。另外，多年数据的比较发现，近两年出现了10 月份死亡人口比例升高现象，值得进一步研究。

五、婚姻与家庭

近年来我国婚姻家庭领域的变化不大，各方面状况稳定中稍有波动。

1.我国人口的婚姻仍然普遍和稳定

2007年，在经济、政治、社会生活等各方面基本平稳发展的同时，我国人口婚姻状况依然表现出“三低一高”的一贯特点。在这一年中，我国15岁及以上人口中有配偶人口的比例达到73.79%，其中初婚有配偶的占97.59%，这体现了我国人口婚姻的稳定性。此外，未婚比例和离婚比例依然维持低水平（图1-5-1）。

与世界几个发达国家相比，我国未婚比例和离婚比例较低，而有配偶比例则较高（表1-5-1），显著体现了我国普遍结婚和婚姻稳定的特点，这是受到我国经济、政治、文化和法律等多方面影响的。在各项指标中，只有丧偶比

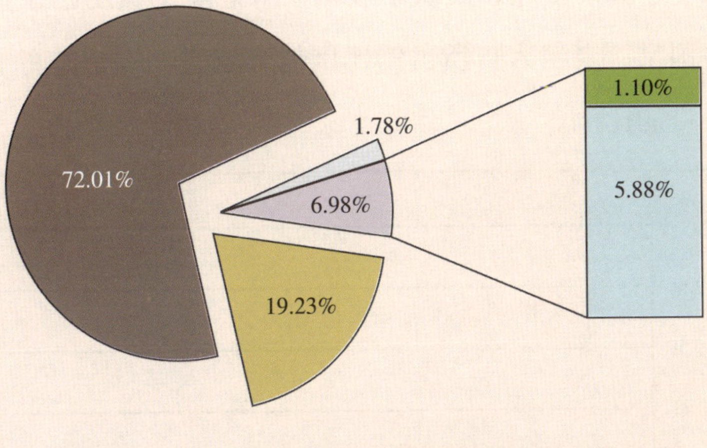

图1-5-1 2007年全国15岁及以上人口婚姻状况

表1-5-1 近年来中国与世界其他几个国家15岁及以上人口婚姻状况

单位：%

年份	国别	未婚	有配偶①	离婚	丧偶
2007	中国	19.23	73.79	1.10	5.88
	加拿大	41.85	48.27	5.11	4.77
	挪威	37.98	46.09	9.12	6.69
2006	美国	30.50	52.70	10.50	6.40
2005	英国	34.01	49.50	8.93	7.56
	日本	27.18	58.84	4.28	8.36

①有配偶包括初婚有配偶和再婚有配偶。其中，美国、加拿大和挪威的数据包括有配偶但分居的人口。

资料来源：各国统计局及人口普查机构公布数据表。

例与发达国家接近，反映了我国人口老龄化程度已经直追发达国家，老年人口所占的比例越来越高，从而提高了丧偶人口的比例。

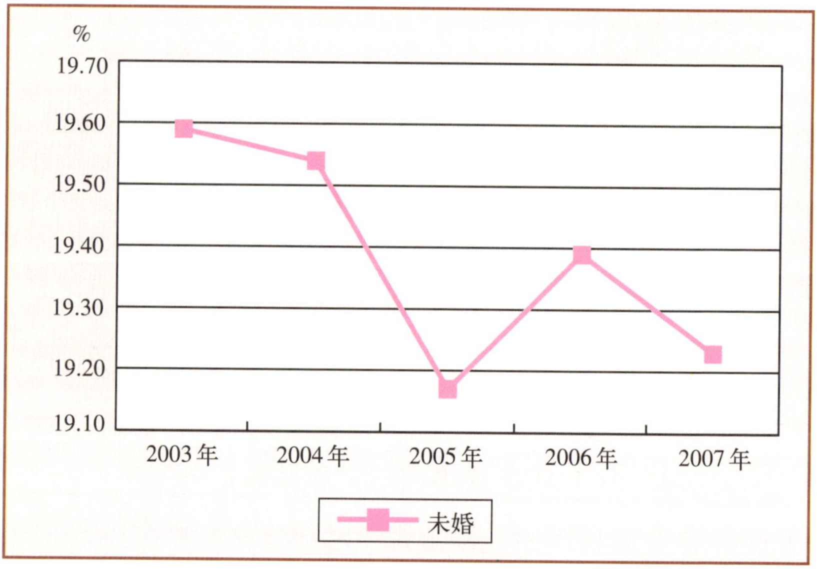

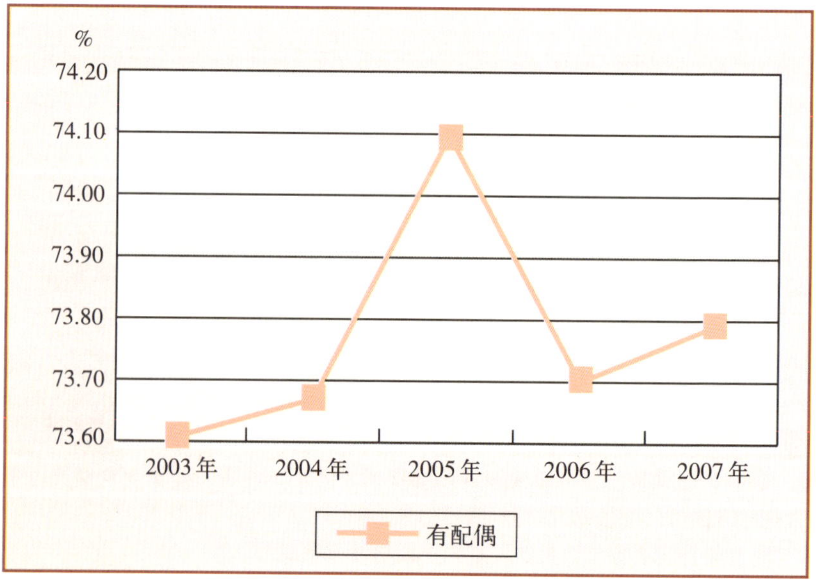

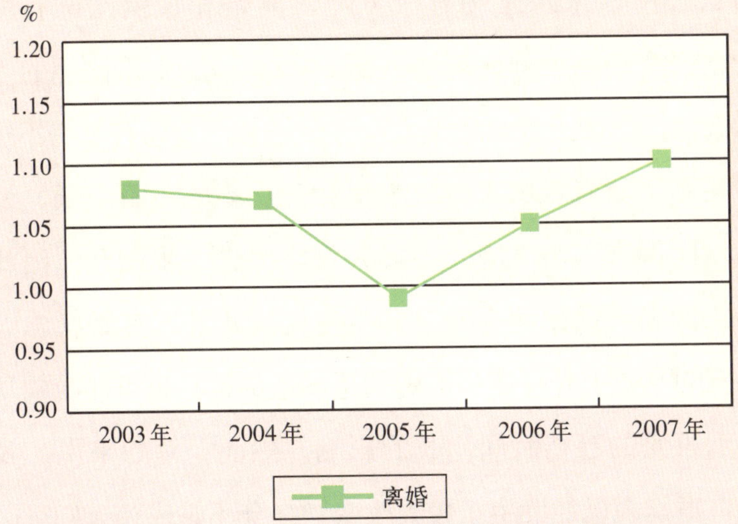

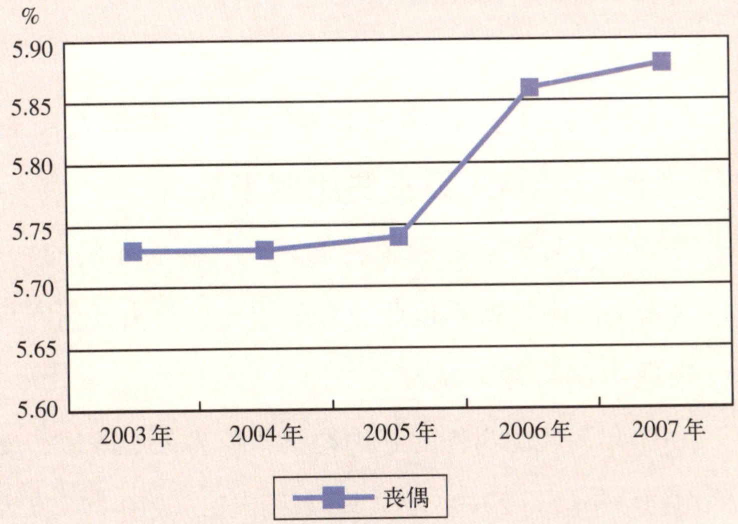

图1-5-2 近年来我国15岁及以上人口婚姻状况变化

资料来源：历年中国人口统计年鉴。

近年来，我国人口婚姻状况基本保持平稳。在基本平稳的状态中，未婚比例有所下降，离婚和丧偶比例有所上升，但变动幅度都比较小（图1－5－2）。未婚比例的下降和丧偶比例的上升与我国人口年龄结构的变动有着密不可分的联系。随着我国人口出生率和死亡率的不断降低，低龄人口比例进一步下降，高龄人口比例进一步上升，因此未婚比例和丧偶比例也随之发生变化。此外，离婚状态人口比例的小幅上升可能是离婚的增多造成的，也可能受到从离婚到再婚的等待时间增长的影响。然而，总的来说，我国人口婚姻观已经发生了较大改变，终身不婚成为人们可以接受的选择，离婚也成为了平常之事。

2.30岁以下人口未婚比例上升，中年人口离婚比例上升，老年人口丧偶比例下降

婚姻状况与年龄有着紧密的联系。随着年龄的增长，人口的未婚比例将越来越低，有配偶比例将由低到高再到低，丧偶比例会越来越高。

2007年，我国男性的平均初婚年龄为25.96岁，女性的平均初婚年龄为23.94岁。与以往相比，我国15–29岁人口的未婚比例大都有所增长，其中男性未婚比例始终大于女性（图1－5－3）。从1990年以来，15－29岁人口随着年龄的增长，同年龄组的未婚比例比早年上升得更多，这是受

到初婚年龄推迟及不婚人口增多影响的。而如果不排除年龄结构的影响，我们看到的15岁以上人口未婚比例是下降的，并不能反映真实的人口婚姻状况变化。

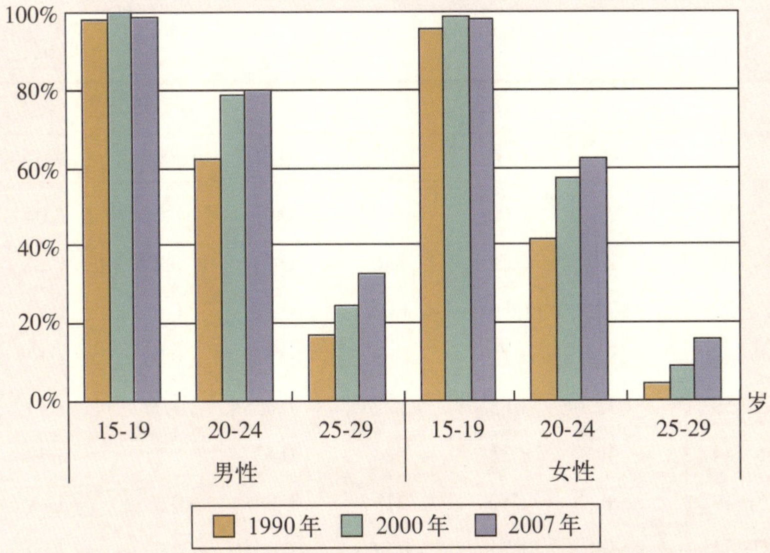

图1-5-3 15-29岁人口分性别未婚比例

我国15岁及以上人口的离婚比例有所上升（表1-5-2）。1990年，50岁以上人口的离婚比例较高，这一定程度上反映了那时年龄较大的人再婚的可能性较低，也就是说现今中老年人再婚可能性提高了。2000年以后，离婚比例的最大值在35-44岁之间，反映了“中年的烦恼”，在这个年龄阶段，人们离婚可能性增加，再婚等待时间增长或再婚可能性减小；而这个年龄段，通常离婚的家庭都已经有了孩子，单亲家庭会因此增多。总的来说，我国15岁及以上人口的离婚比例在持续上升中。

表1-5-2　15岁及以上人口年龄别性别离婚比例

单位：%

年龄	男性			女性		
	1990	2000	2007	1990	2000	2007
15-19	0.02	0.00	0.08	0.05	0.02	0.04
20-24	0.22	0.18	0.26	0.23	0.25	0.24
25-29	0.63	0.86	1.06	0.47	0.68	0.75
30-34	0.94	1.50	1.88	0.53	0.99	1.10
35-39	1.05	1.83	2.22	0.45	1.25	1.34
40-44	1.24	1.83	2.23	0.43	1.21	1.45
45-49	1.38	1.50	2.18	0.39	0.87	1.41
50-54	1.53	1.36	1.57	0.36	0.64	1.09
55-59	1.63	1.24	1.15	0.36	0.48	0.67
60-64	1.54	1.13	1.13	0.41	0.38	0.53
65岁及以上	1.17	0.89	0.66	0.33	0.35	0.40
合计	0.83	1.12	1.34	0.34	0.68	0.85

资料来源：第四、五次全国人口普查；2007年人口变动情况抽样调查。

15岁及以上人口的丧偶比例主要由65岁及以上人口决定。由于65岁后死亡率急速上升，所以丧偶比例也大幅增长。尽管15岁及以上总人口的丧偶比例有所上升，但这实际上是由65岁及以上人口比例上升引起的。在65岁及以上人口中，丧偶比例实际上有所下降（图1－5－4）。我们发现，1990年，65岁及以上的男性丧偶比例很低，这是因为当时男性的平均预期寿命不到67岁，有部分男性在65岁之前就已经去世或者在65岁之后早于妻子去世，所以他们的丧偶比例低；而男性丧偶比例的提高反映了男女死亡概率的逐步接近。然而，15岁及以上总人口中丧偶比例的提高还是告诉我们，丧偶人口的绝对数量在大幅增长，人口老龄化

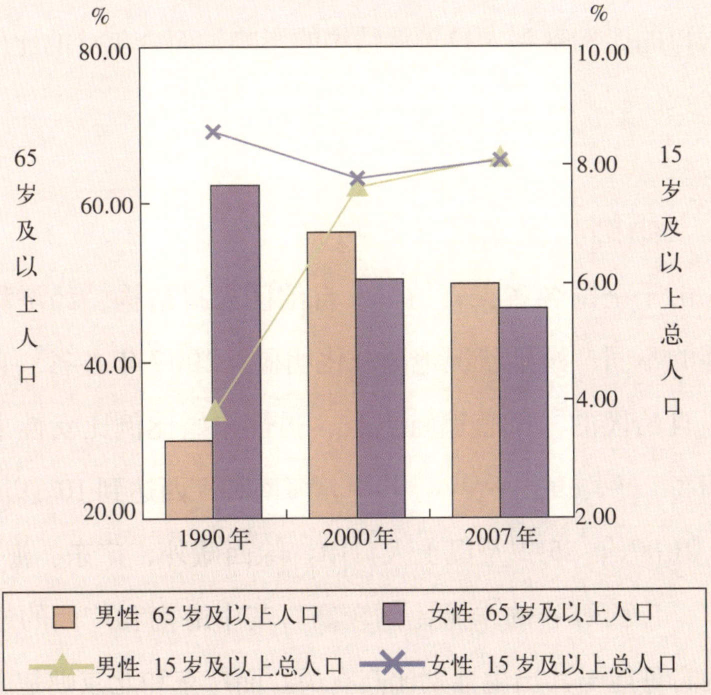

图1–5–4 15岁及以上人口和65岁及以上人口分性别丧偶比例

是非常需要受到重视的，丧偶老人需要受到社会的特别关注和照顾。

从以上分析中可以看到，我国15岁及以上总人口的婚姻状况与分年龄的婚姻状况有较大差别，甚至有些比例的变化趋势相反。如分析中显示，15岁及以上总人口的未婚比例下降，而分年龄的未婚比例上升；15岁及以上总人口的丧偶比例上升，而分年龄的丧偶比例下降。可见，15岁及以上总人口与分年龄人口的婚姻状况体现了不同的意义，15岁及以上总人口的比例受到人口年龄结构的影响，而分年龄的比例排除了这一影响。

3.婚姻状况地区分化明显

由于全国各省、直辖市、自治区人口结构、经济和文化等的不同，婚姻状况地区分化明显。2007年各省、直辖市、自治区的一个普遍特点是，男性未婚比例比女性未婚比例高，平均高出6.3%，其中，海南和广西达到10%以上。

2007年15岁及以上人口中，除西藏外，广东、海南、北京、广西等省的未婚比例较高。其中海南和广西的未婚比例高可能与其出生性别比高有关，而广东和北京则是因为外来年轻人口较多的缘故。此外，区域特征显示，东北三省、四川重庆、江浙一带的人口未婚比例较低，中部、西

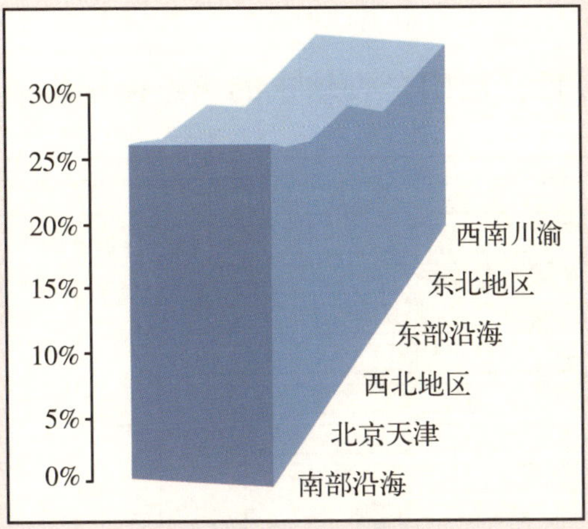

图1-5-5 2007年全国几个区域人口未婚比例比较

注：其中东部沿海只包括浙江和江苏，不包括上海；西北地区包括甘肃、青海、宁夏、新疆，未包括西藏或陕西；南部沿海包括福建、广东、海南。

部及南部部分省份未婚比例适中（图1-5-5）。

各省、直辖市、自治区的人口离婚比例也有所差异。新疆和西藏的离婚状态人口比例最高，其次是辽宁、青海、上海、黑龙江、吉林、重庆、北京等（图1-5-6）。可见，离婚人口比例最高的并非离婚率很高的西南川渝地区，这可能是因为此地区的再婚可能性较高及再婚等待时间较短。新疆15岁及以上人口的离婚比例显著高于其他省、直辖市和自治区，而且其再婚有配偶比例更加显著高出其他省份，这体现了少数民族不同文化和社会生活的影响；然而，尽管新疆15岁以上人口的离婚比例已经达到3.56%，但这个数字与发达国家水平还是有差距。此外，南部沿海广东等省和中部几个省份离婚比例较低，而四个直辖市的离婚比例均很高。

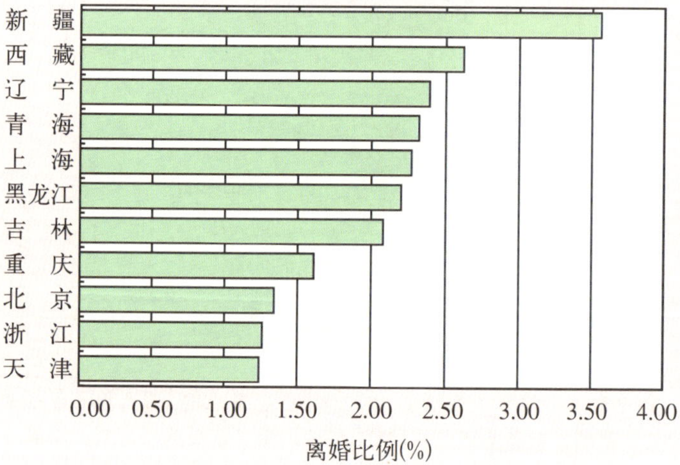

图1–5–6 2007年我国15岁以上人口离婚比例高于1.20%的各地区比较

4.城乡男女婚姻状况差异大，教育程度影响是主因

我国城镇和乡村在各方面一直存在差异，婚姻状况也不例外。2007年我国15岁及以上人口中，城镇相较于乡村，未婚比例、初婚有配偶比例、离婚比例均较高，再婚有配偶比例、丧偶比例较低（图1–5–7）。这与城市和乡村人口年龄结构有关，也反映了其不同的婚姻观与社会生活条件。

2007年城镇男性的平均初婚年龄为26.45岁，女性为24.70

岁，乡村男性为25.49岁，女性为23.13岁，均符合国家《婚姻法》规定的晚婚年龄。其中，女性平均初婚年龄的城乡差异较大，一定程度上反映出城乡女性的差异可能更大。

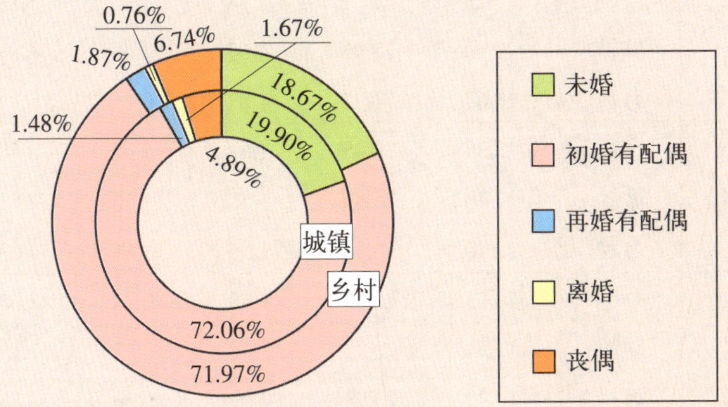

图1-5-7 2007年我国15岁及以上人口分城乡婚姻状况

城乡不同性别人口婚姻状况呈现出不同的特点。乡村男性的未婚比例高于城镇男性，初婚及再婚有配偶比例均低于城镇男性，但差别不大；然而，乡村女性的未婚比例低于城镇女性，初婚及再婚有配偶比例均高于城镇女性，且差别较大（表1－5－3）。这是“甲女丁男”现象的体现，城镇中的女性比乡村女性结婚的难度更大，而乡村男性比城镇男性更难找到结婚对象，婚姻挤压的后果很有可能由乡村贫困地区的男性来承担。总的说来，女性未婚比例普遍低于男性。

表1-5-3 2007年15岁及以上人口分城乡分性别婚姻状况

单位：%

性别	地区	未婚	初婚有配偶	再婚有配偶	离婚	丧偶
合计	全国	19.23	72.01	1.78	1.10	5.88
	城镇	19.90	72.06	1.67	1.48	4.89
	乡村	18.67	71.97	1.87	0.76	6.74
男性	全国	22.35	70.95	1.67	1.34	3.68
	城镇	22.30	71.89	1.70	1.56	2.55
	乡村	22.40	70.16	1.65	1.16	4.63
女性	全国	16.13	73.06	1.88	0.85	8.08
	城镇	17.54	72.23	1.64	1.41	7.18
	乡村	14.90	73.78	2.09	0.36	8.86

资料来源：2007年人口变动情况抽样调查。

近年来，随着人口流动的热潮，大量农村人口涌入城市。这些农村人口在城镇中生活，耳濡目染，经济、文化和价值观等多方面都受到了影响，也接触到更多的诱惑，这导致他们的婚姻生活出现了各种各样与以往不同的状况和问题。因此，流动人口的婚姻问题应当受到广泛关注，他们的改变也会影响到其他乡村人口，最终会造成乡村人口婚姻观和家庭观的整体变化。

不同教育程度人口的婚姻状况存在较大的差异。2007年我国15岁及以上乡村人口在各个教育程度上未婚比例均高于城镇人口，教育程度越高，乡村人口的未婚比例越高，与城镇人口的未婚比例差距越大（表1－5－4）。这可能与乡村学历较高人口集中在低龄人口中有关。在小学

表1–5–4 2007年我国15岁及以上人口分城乡和教育程度婚姻状况

单位：%

地区	教育程度	未婚	初婚有配偶	再婚有配偶	离婚	丧偶
全国	未上过学	4.84	61.28	2.33	0.69	30.86
	小学	6.09	82.02	2.40	0.93	8.56
	初中	20.54	75.09	1.61	1.14	1.62
	高中	37.59	58.55	1.20	1.46	1.20
	大专以上	37.61	59.38	1.03	1.18	0.80
城镇	未上过学	4.02	57.81	2.07	0.65	35.44
	小学	4.21	81.95	2.33	1.09	10.42
	初中	17.00	77.65	1.74	1.62	2.00
	高中	30.80	64.63	1.33	1.90	1.35
	大专以上	35.34	61.53	1.05	1.25	0.83
乡村	未上过学	5.15	62.58	2.43	0.70	29.15
	小学	6.93	82.05	2.43	0.86	7.74
	初中	23.29	73.11	1.51	0.77	1.32
	高中	52.22	45.45	0.91	0.53	0.89
	大专以上	60.48	37.77	0.83	0.38	0.54

资料来源：2007年人口变动情况抽样调查。

及以下教育程度的人口中，乡村人口的初婚及再婚有配偶比例高于城镇人口；而在初中及以上教育程度的人口中，乡村人口的该指标低于城镇人口。此外，丧偶比例随着教育程度的增加而减小，未上过学的城镇和乡村人口中，丧偶比例很高，而且其中大部分都是女性丧偶。这是受到年龄结构的影响，因为未上过学的大都是老年人，而且女性寿命普遍比男性长。

5.平均家庭户规模接近3人；家庭户类型以三人户和二代户为主

随着社会的发展、人口流动的增加和生育水平的下降，我国平均家庭户规模一直在下降。近年来，我国的平均家

表1-5-5　2000年以后部分年份分城乡平均家庭户规模

单位：人/户

年　份	全　国	城　镇	乡　村
2000	3.44	3.10	3.65
2003	3.38	3.09	3.60
2005	3.13	2.97	3.27
2007	3.17	3.03	3.29

资料来源：2000年人口普查、2003和2007年人口变动情况抽样调查、2005年全国1%人口抽样调查。

庭户规模已经下降到每户接近3人，城镇的平均家庭户规模甚至已经降到3人以下。

2007年，我国的平均家庭户规模为每户3.17人，较之近几年略有上升，但上升幅度非常小（表1-5-5）。乡村的平均家庭户规模仍然高于城镇，但已经比较接近。2000年以后，乡村的平均家庭户规模下降幅度比城镇的下降幅度大，但也仅有约1%。总的来说，近年来我国的平均家庭户规模变化不大。

平均家庭户规模有一定地区差异（图1-5-8），其中全国平均家庭户规模最小的是北京和上海，均为每户2.65人，这与两地的生育水平低、住房条件好等因素有关。而

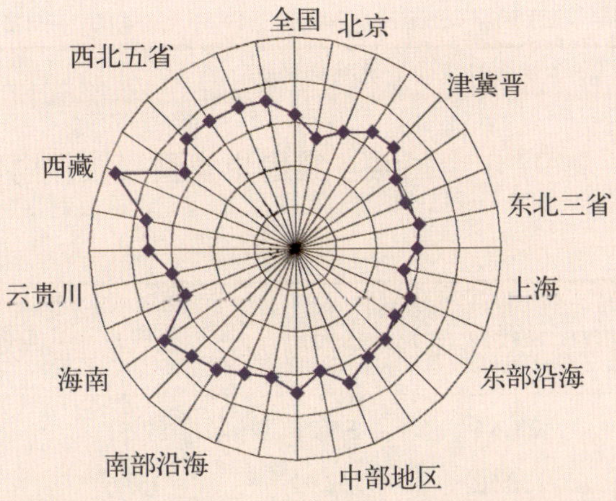

图1-5-8 2007年各省、直辖市、自治区平均家庭户规模

平均家庭户规模最大的是西藏自治区，达到每户4.70人，远高于名列第二的海南省每户3.85人。此外，西北几省、云南、贵州以及南部沿海和中部部分省份平均家庭户规模超过了全国平均水平。

我国家庭户类型仍以三人户（按户内人数分）和二代户（按户内代数分）为主（表1-5-6，表1-5-7）。三人户所占比重为30.36%，较之2005年有所上升（2005年的

表1-5-6 2007年全国城乡家庭户类型（按户内人数分）

单位：%

地　区	1人户	2人户	3人户	4人户	5人户	6人户	7人户	8+户
全　国	**8.94**	**24.43**	**30.36**	**20.89**	**10.11**	**3.75**	**0.98**	**0.54**
城　镇	9.40	25.52	35.75	17.09	8.41	2.71	0.70	0.43
乡　村	8.56	23.50	25.80	24.11	11.56	4.62	1.21	0.64

资料来源：2007年人口变动情况抽样调查。

表1-5-7 2007年全国城乡家庭户类型（按户内代数分）

单位：%

地　区	一代户	二代户	三代户	四代户及以上
全　国	**28.64**	**53.26**	**17.51**	**0.59**
城　镇	30.56	53.99	15.06	0.39
乡　村	27.01	52.64	19.59	0.76

资料来源：2007年人口变动情况抽样调查。

比例为29.83%)；其次是二人户，比重也较大，占24.43%；以及四人户，占20.89%。二代户是主要的家庭户类型，比例达到53.26%。

2007年，我国城镇和乡村均以三人户和二代户为主，只是城镇三人户和二代户的比重均大于乡村，乡村四人户及以上的比重都大于城镇，这也反映了乡村的平均家庭规模较大，户内代数略多的特点。与2005年相比，我国城乡一人户比例都有所下降(2005年该比例分别为11.52%和10.06%)；城镇一代户比例有所下降(2005年为32.31%)，乡村这一比例却有所上升（2005年为26.59%)。

6.儿童和老人户主率提高；年龄别户主率性别差距较大

户主率指标是平均家庭户规模指标的倒数，能够较为详细地反映人口的平均立户情况。2007年我国家庭户人口户主率为31.54%，比2005年有所上升（表1-5-8)。其中城市家庭户户主率有所下降，乡村户主率有所上升，但变动幅度都较小。与2005年相比，20岁以下的家庭户户主率有所上升，20-40岁的家庭户户主率均有下降，50岁以上的家庭户户主率又有所上升。其中，乡村20岁以下户主率上升幅度较大。这体现了未成年人和老年人在家庭中地位和独立性的提高。年龄别户主率在55岁以前随着年龄的增加而升高，在55岁以后逐渐下降。

表1-5-8 全国分城乡家庭户人口年龄别户主率

单位：%

年 龄	全 国		城 市		乡 村	
	2007年	2005年	2007年	2005年	2007年	2005年
合 计	**31.54**	**31.17**	**33.01**	**33.26**	**30.40**	**29.45**
14岁及以下	1.27	0.11	0.60	0.15	1.68	0.09
15–19	2.57	1.30	2.33	2.24	2.73	0.65
20–24	7.07	9.04	9.88	13.05	4.81	5.60
25–29	20.55	23.67	23.71	27.49	17.34	19.61
30–34	35.19	37.27	36.30	39.05	34.07	35.40
35–39	45.10	45.44	44.53	45.67	45.61	45.23
40–44	50.02	49.30	49.13	49.47	50.77	49.13
45–49	51.12	51.18	50.50	51.11	51.67	51.26
50–54	52.62	52.19	52.09	51.68	53.02	52.58
55–59	52.32	52.21	51.57	51.54	52.85	52.71
60–64	51.66	51.24	51.80	51.74	51.56	50.87
65岁及以上	46.64	45.24	50.74	51.08	43.54	40.72

资料来源：2005年全国1%人口抽样调查与2007年人口变动情况抽样调查。

我国的男性户主率一直高于女性。2007年，我国男性户主率还是远高于女性（图1–5–9）。男性户主率在55岁以后随着年龄增长而逐渐下降，而女性户主率在50岁左右有小幅下降后，逐渐上升，在65岁以上时达到最高值，这说明老年女性单身户的增多。此外，城镇男性户主率低于乡村，城镇女性户主率高于乡村，这体现了城乡妇女的不同地位，城镇中男性和女性的地位相对较平等。

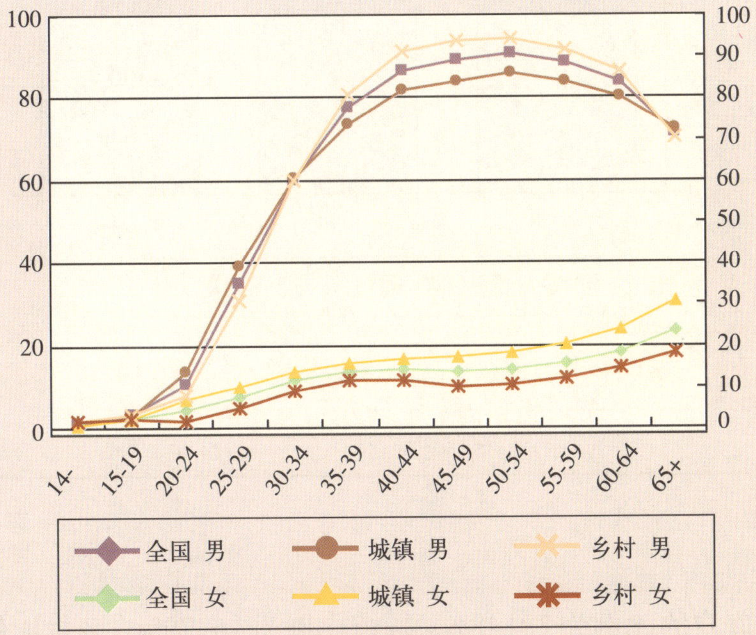

图1-5-9　2007年全国家庭户人口分城乡性别年龄别户主率(%)

7. 乡村有外出人口的家庭户比例更高，省际差异明显

2007年，我国有外出半年以上人口的家庭户占全部

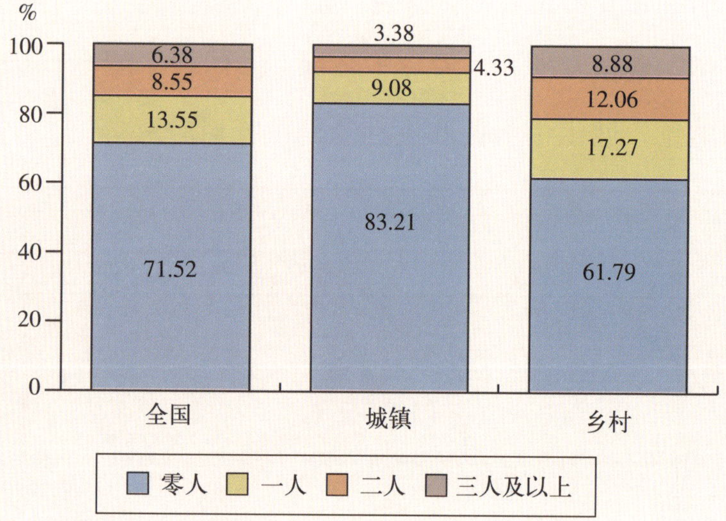

图1-5-10 2007年我国按户籍人口中外出半年以上人口分的家庭户

家庭户的比例为28.48%，城镇比例为16.79%，乡村比例为38.21%（图1-5-10）。可以看出，乡村的家庭户受人口流动影响更大。在有外出半年以上人口的家庭户中，最多的是只有一人外出的家庭户，其次依次是有两人外出和三人以上外出的家庭户。

各地区家庭户人口外出情况有较大差异。2007年，有外出半年以上人口的家庭户比例高于全国平均水平的省、

表1-5-9 2007年我国户籍人口中有外出半年以上人口的家庭户比例高于全国平均水平的地区及其分城乡情况

单位：%

地区	全国	城镇	乡村
江西	31.84	18.38	40.39
江苏	31.88	19.40	44.53
陕西	33.45	15.11	45.29
湖南	34.32	18.09	44.55
河南	35.32	16.73	44.10
贵州	37.49	19.20	45.09
湖北	37.68	20.97	50.28
广西	39.85	25.46	47.48
安徽	40.89	24.86	50.05
福建	40.96	24.88	54.09
四川	44.35	24.96	53.82
重庆	45.67	30.75	58.09

资料来源：2007年人口变动情况抽样调查。

直辖市和自治区有12个（表1-5-9）。其中，重庆、四川、福建和安徽四省有外出半年以上人口的家庭户比例已经超过了当地全部家庭户的40%。在这些省份中（外加湖北省），乡村有外出半年以上人口的家庭户比例均超过50%。这些省份是人口的主要流出地，乡村外出人口又是家庭户外出人口的主力。

8.有老年人的家庭户比例增加；城乡存在差异

随着人口老龄化程度的加深，我国有老年人口的家庭户也有所增长。与2000年第五次人口普查相比，2007年在有65岁以上老年人口的家庭户中，单身老人户、一个老年人与未成年人组成的亲属户、一对老夫妇户以及一对老夫妇与未成年人的亲属户的比例均增加了，其中一对老夫妇户的比重上升幅度最大，这一定程度上体现了我国人口平均预期寿命的提高（表1-5-10）。2007年，有一个65岁以上老年人的家庭户在所有有65岁以上老年人口的家庭户中仍占大多数，占67.36%，与2000年相比有所下降，但单身老人户比例在增加，这提醒我们对独身老人应多加关注。

表1-5-10 有65岁以上老年人口的家庭户构成

单位：%

年份	有一个65岁以上老年人的户			有二个65岁以上老年人的户			其他
	单身老人户	一个老年人与未成年人户	其他	一对老夫妇户	一对老夫妇与未成年人户	其他	
2000	11.46	1.16	59.95	11.38	1.06	14.66	0.34
2007	13.19	1.49	52.68	15.57	1.57	15.23	0.28

资料来源：2000年人口普查与2007年人口变动情况抽样调查。

我国有老年人口的家庭户构成存在城乡差异。城镇有两个65岁以上老年人的家庭户比例高于乡村，有一个65岁以上老年人的家庭户比例低于乡村，这有部分原因是城乡平均预期寿命不同。此外，城镇的单身老人户和一对老夫妇户比例更高，而乡村的单身老人户或一对老夫妇与未成年人的亲属户更多，这是乡村“隔代留守家庭”现象的反映——中间一代外出打工，只留下老人和孩子在家中，这种独特的乡村隔代留守家庭含有许多问题，已经引起了关注，需要进行深入的研究和分析。

六、受教育状况

教育是开发人力资源、提高人口素质、增强国家和地区综合竞争力的基础，是从人口大国向人力资源强国转变的最重要途径。人口的受教育程度和水平是反映一个国家或地区人口素质的重要指标。“文盲率”、“人均受教育年限”和“各种文化程度人口所占比重”等是我们最经常使用的衡量一个国家或地区人口整体受教育状况的指标。“文盲率”反映的是教育普及状况，“各种文化程度人口所占比重”反映人口受教育状况的内部构成和差异，“人均受教育年限”则是一个综合性很强的指标，可以反映人口受教育的总体水平。在大力扫除文盲和发展九年义务教育后，我国的文盲率大幅度降低，“人均受教育年限”这一指标在教育事业发展和国民素质分析和比较中的作用日趋重要。

1. 文盲率继续下降，地区间文盲率差异仍然巨大

文盲率一般是指粗文盲率，即15岁及以上不识字或识字很少的人口占总人口的比重。2007年我国人口的粗文盲率为7.17%，比2006年下降了0.71个百分点，下降幅度为9%。与1982年相比，我国粗文盲率已经大幅下降，降低了三分之二。与1990年相比，我国粗文盲率

表1-6-1 我国20世纪80年代以来粗文盲率的变化

单位：%

年 份	粗文盲率
1982	22.81
1990	15.88
1995	12.04
2000	9.08
2001	8.99
2002	9.16
2003	8.72
2004	8.33
2006	7.88
2007	7.17

资料来源：1982年人口普查；1990–2006年数据出自国家统计局人口和就业统计司编《2006中国人口》，中国统计出版社，2007年；2007年数据根据2007年人口变动情况抽样调查资料计算。

也有明显下降，降低幅度超过了一半（见表1－6－1）。这表明改革开放以来，我国教育事业发展已经取得了巨大成就。

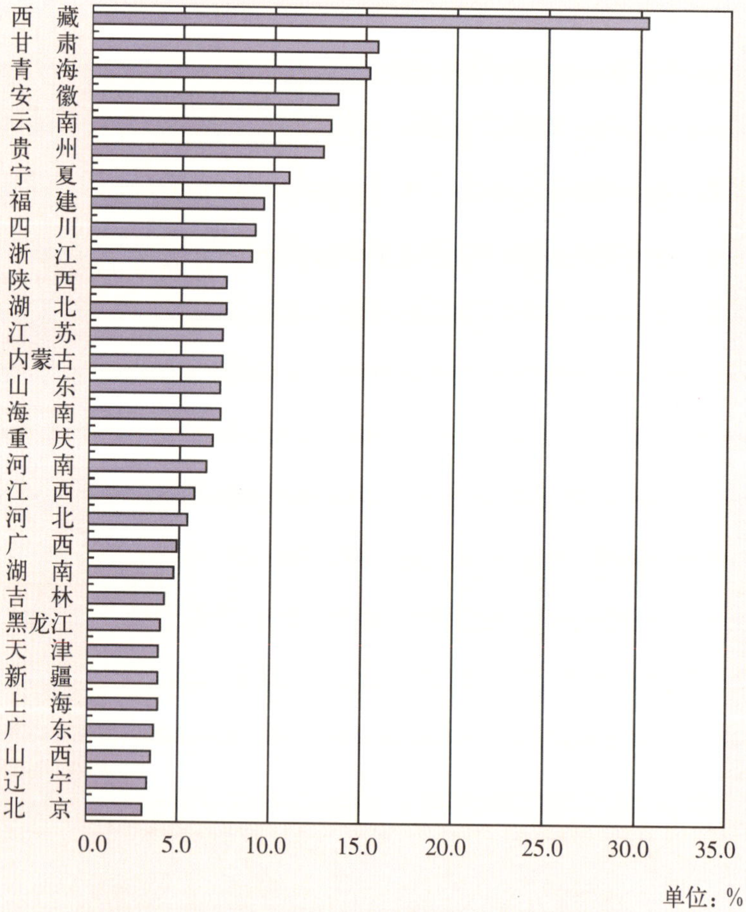

图1—6—1 2007年全国各地区粗文盲率差异

虽然全国文盲率在不断下降，但各地区文盲率差距仍然较大。从各地区来看，西部省份粗文盲率一般高于东、中部省份。从图1-6-1可以看出，2007年西藏是我国粗文盲率最高的省份(30.44%)，与全国粗文盲率最低的北京市(3.09%)相比，相差了十倍。西部地区其他各省份粗文盲率也较高，如贵州、云南和青海等省份，粗文盲率均在10%以上。而中部地区粗文盲率大多在5%-10%之间，东部地区粗文盲率大多低于5%，特别是北京、天津、上海等省市粗文盲率已经低于4%。可见，文盲率与地区经济发展水平密切相关。经济发展水平较高的地区，对教育事业发展投入的财力、物力和人力远远高于经济发展水平较低的地区，教育事业发展水平高则人口中文盲和半文盲人口比例就会逐步下降。较高的人口素质反过来又可以促进该地区经济社会和其他各项事业的发展。大力发展教育事业，引进高科技人才，积累充足的人力资本，是西部地区未来发展经济社会各项事业的必然选择。

2.城乡人口受教育程度存在明显差异，乡村一百人中仅有一个大学生

各种文化程度占总人口的比重、特别是受过大学及以上高等教育人口所占比重通常是用来衡量一个国家或地区人口文化素质发展状况的主要指标。

(1)受教育人口占总人口的比重继续增加

全国各种文化程度占总人口的比重在继续上升。2007年，全国各种文化程度占总人口的比重为86.36%，比2006年增加了0.8个百分点。各种受教育程度人口占总人口的比重，大学以上占6.16%，高中占12.59%，初中占37.76%，小学占29.85%。与2006年相比，大学及以上、高中、初中受教育程度的人口比重分别增加了0.33个、0.46个和1.18个百分点，小学减少了1.17个百分点（表1–6–2）。

表1–6–2　各种受教育程度人口占总人口的比重

单位：%

年份	大学	高中	初中	小学
1990	1.42	8.04	23.34	37.17
1995	2.03	8.26	27.31	38.43
2000	3.61	11.15	33.96	35.70
2005	5.20	11.63	35.85	31.12
2006	5.83	12.13	36.58	31.02
2007	6.16	12.59	37.76	29.85

资料来源：1990、2000年人口普查；1995、2005年1%人口抽样调查；其他年份为人口变动情况抽样调查。

(2）城乡差异明显，乡村每一百人中仅有一个大学生

从表1–6–3看，城镇和乡村各种文化程度的人口比重差

异较大，特别是大学及以上人口比重。2007年，乡村人口粗文盲率高达9.48%，城镇为4.30%，乡村文盲率是城镇地区的2.2倍。城镇各种文化程度占总人口的比重为90.15%，比乡村高6.85个百分点。城镇各种受教育程度人口占总人口的比重分别是：大学以上占12.53%，高中占19.21%，初中占36.69%，小学占21.72%，与乡村相比，大学以上和高中分别高11.52个和11.97个百分点，初中和小学分别低1.93和14.70个百分点。乡村大学及以上所占比重仅为1.01%，也就是说乡村每100人中只有一个大学生，而城镇地区每8人

表1-6-3　2007年全国分城乡和性别文化程度分布

单位：%

地区		小学	初中	高中	大学及以上	粗文盲率
全国	合计	29.85	37.76	12.59	6.16	7.17
	男	28.18	40.19	14.17	6.75	3.80
	女	31.58	35.27	10.96	5.55	10.63
城镇	合计	21.72	36.69	19.21	12.53	4.30
	男	20.09	37.57	20.79	13.75	1.96
	女	23.36	35.82	17.62	11.30	6.65
乡村	合计	36.42	38.63	7.24	1.01	9.48
	男	34.59	42.27	8.92	1.21	5.25
	女	38.34	34.81	5.48	0.80	13.91

资料来源：根据2007年人口变动情况调查资料计算。

中就有一个大学生。

可见，城乡人口文化程度差异明显。乡村人口中大学及以上和高中以上人才的缺乏将成为提高农业生产力和新农村建设的重大阻力。因此，进一步提高乡村人口文化素质，普及高中教育，积极培养和引进大学生应当成为新农村建设的重要内容。

(3)女性文盲率显著高于男性，乡村地区更加突出

2007年，全国男性和女性的粗文盲率分别为3.80%和10.63%，女性文盲率比男性高出近1.8倍。分地区看，性别差异非常明显，城镇人口中，男性人口粗文盲率仅为1.96%，

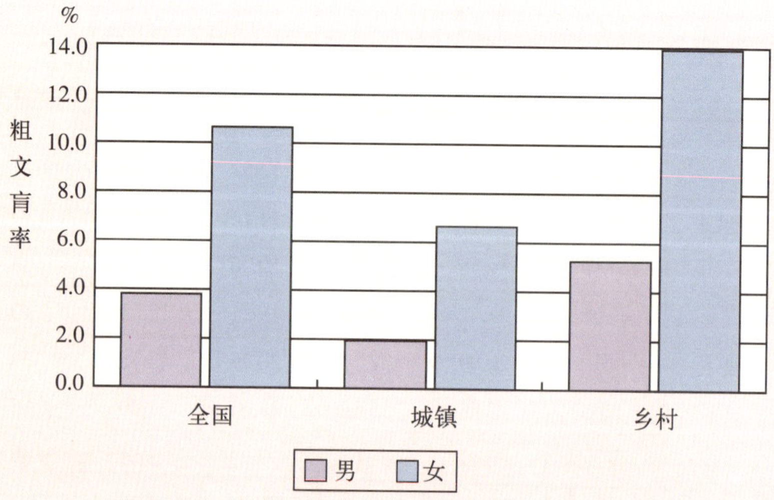

图1-6-2　全国粗文盲率城乡和性别差异

资料来源：根据2007年人口变动情况抽样调查资料计算。

而女性人口粗文盲率达到6.65%，女性文盲率是男性的3.4倍。乡村人口中，女性人口粗文盲率高达13.91%，女性文盲率比男性高1.6倍。

可见，城镇地区人口粗文盲率低于乡村地区，男性人口粗文盲率低于女性。这主要是由于城镇地区教育事业发展水平比乡村地区高，传统重男轻女思想等使男性人口获得的教育机会和教育资源多于女性所导致。

3.西部地区特别是西北地区女性教育事业需要更多关注

与粗文盲率不同，一般文盲率是指15岁及以上人口中文盲和半文盲人口所占的比重，它可以进一步减少人口年龄结构的影响，更准确地反映一个国家或地区受教育的总体状况。2007年全国人口一般文盲率为8.40%，比2006年下降0.91个百分点。

从表1-6-4可以看到：

(1)女性一般文盲率明显高于男性。无论是全国，还是分城乡、分区域来看，女性人口一般文盲率均高于男性。2007年，女性一般文盲率为12.44%，是男性(4.35%)的3倍左右。

(2)农村一般文盲率明显高于城镇。2007年，城镇人口

表1-6-4 2007年全国人口一般文盲率的城乡和区域差异

单位：%

地 区	合 计	男	女
全 国	**8.40**	**4.35**	**12.44**
城乡			
城镇	4.84	2.09	7.53
乡村	11.46	6.26	16.70
东中西部地区			
东	6.83	3.05	10.55
中	7.95	4.20	11.69
西	11.32	6.47	16.22
八大经济区域			
南部沿海地区	6.25	2.40	10.09
东部沿海地区	8.29	3.77	12.64
北部沿海地区	6.81	3.22	10.37
东北地区	4.17	2.25	6.11
长江中游地区	9.61	4.95	14.24
黄河中游地区	7.51	4.21	10.78
西南地区	11.25	6.16	16.41
西北地区	14.45	9.26	19.69

资料来源：根据2007年人口变动情况调查资料计算。

一般文盲率（4.84%）仅是农村人口（11.46%）的2/5左右。城乡一般文盲率男性间和女性间的差距也较大。乡村男性和女性一般文盲率分别比城镇高出4.17和9.17个百分点。

（3）西部地区一般文盲率高于东中部地区。从全国来看，西部地区一般文盲率最高（11.32%），分别比东部和中部地区高3.37和4.49个百分点。东中部地区一般文盲率分别为6.83%和7.95%，低于全国平均水平。

（4）东北地区一般文盲率最低，西北地区一般文盲率最高。从全国八大经济区域来看，东北地区一般文盲率仅为4.17%，西北地区却高达14.45%，二者相差10个百分点。西北地区女性的一般文盲率接近20%，比东北地区女性高13.58个百分点。东部沿海、南部沿海、北部沿海和黄河中游地区的一般文盲率均低于全国平均水平。长江中游地区、西南和西北地区一般文盲率接近或超过10%，这些地区人口受教育程度较低。

4.老年女性特别是乡村老年女性是我国文盲和半文盲人口的主体

从各年龄组文盲率的状况可以更好地反映人口总体的文盲率构成，准确认识文盲率的年龄特征。

文盲率的年龄总体变化特征是：随着年龄的递增，文盲率逐步增加，特别是已经进入老年阶段的人口，年龄越大，文盲率也越高。无论是城乡人口，还是男性人口和女性人口均表现出相同的特征（见图1－6－3）。

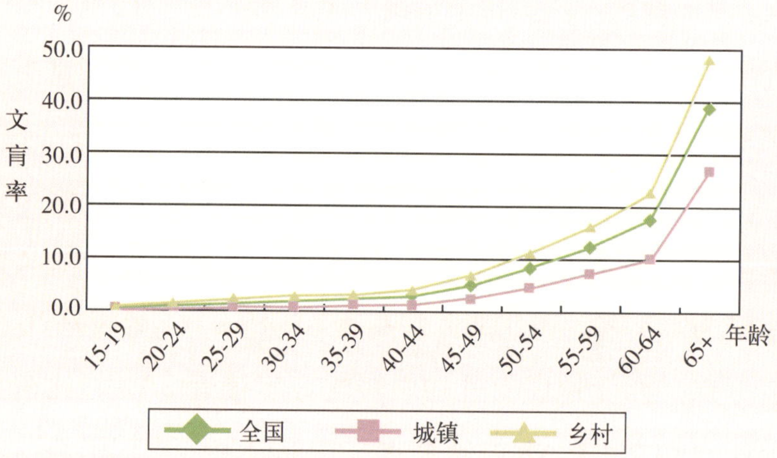

图1–6–3 全国文盲率的年龄差异

从图1－6－3还可以看到，15－44岁年龄组人口的文盲率很低，上升速度很慢；45岁以后，文盲率超过5%，上升速度加快；进入60岁以后，文盲率接近20%，开始急剧上升。

从表1－6－5可以看到：

（1）随着年龄的递增，人口的文盲率逐步上升。城镇15－34岁人口，文盲率不足1%；到45－54岁年龄组时，文盲率接近4%；55－64岁时，超过8%；65岁以上时，文

表1-6-5 2007年全国分年龄文盲率的差异

单位：%

年龄	城镇			乡村		
	合计	男	女	合计	男	女
15−24	0.28	0.30	0.26	1.05	0.82	1.30
25−34	0.57	0.45	0.68	2.62	1.75	3.48
35−44	1.12	0.55	1.69	3.65	1.90	5.37
45−54	3.52	1.25	5.79	9.36	4.08	14.70
55−64	8.32	3.39	13.14	18.94	9.29	29.19
65+	26.76	11.76	40.47	48.00	28.86	66.37

资料来源：根据2007年人口变动情况抽样调查资料计算。

盲率超过25%。乡村人口发展趋势与城镇相同，但各年龄段文盲率均高于城镇，特别是55−64岁组以后。

(2)老年人口是文盲和半文盲人口的主体。全国60岁及以上人口中,文盲率为17.5%,其中城镇和乡村分别为10.0%和22.8%；在65岁及以上人口中，全国、城镇和乡村文盲率分别为38.8%、26.76%和48.0%。可见，老年人口是我国文盲和半文盲人口的主体。由于历史原因，当前已经进入老年期的人口生活在社会快速变革的年代,经历了战争、自然灾害、社会政治动荡等等，生活压力大，上过学的较少，这是老年人口中文盲和半文盲人口较多的原因。

(3)老年女性是老年人口中文盲和半文盲的主体。2007

年，我国65岁及以上老年人口文盲率为38.8%，其中老年女性文盲率为55.1%，比男性高33.5个百分点，是男性的3倍。城镇老年女性文盲率比男性高28.7个百分点，是男性的3.4倍；乡村老年女性文盲率高达66.4%，比男性高37.5个百分点。可见，老年文盲和半文盲人口中，老年女性人口所占的比重较大，特别是农村地区。

老年人口文化程度低不仅是老龄事业发展遇到的难题，而且也是老年人自身实现“老有所为”和“老有所乐”的一个障碍。因此，必须倡导和发展终身学习模式，充分发挥老年人才的作用，积极发展老龄教育事业，提高老年人口科学文化素质，这是实现积极老龄化战略的重要基础。女性老年人口，特别是乡村女性老年人口是老年人口中的弱势群体。他们受教育程度低，经济独立能力和适应能力较男性弱，因此，老年女性，特别是乡村的老年女性是老龄工作的重点对象。

随着年龄的递增，未上过学和小学文化程度的比重不断提高，初中、高中和大学及以上人口的比重在不断降低。2007年，在6–9岁学龄儿童人口中，仍有5.83%未上过学。这说明当前我国学龄儿童入学率仍需提高。在60岁以上人口中，未上过学的比重占33.48%，65岁及以上人口上升到40.5%；特别要指出的是我国60岁以上和65岁以上老年人口中大学及以上人口所占比重分别达到4.42%和3.12%，分别达到600万和300万人以上。这部分人口不仅知识文化水平高，而且经验丰富，是国家的宝贵财富。在人口健康水平和人均寿命不断提高的情况下，积极发挥这部分人才的潜力将有助于缓减人口老龄化带来的压力。

5.人口文化素质继续提高，城乡受教育程度差距仍然较大

2007年15岁及以上人口平均受教育年限达到8.40年，比2006年提高了0.2年。劳动年龄人口（15–64岁）和成年人口（25–64岁）平均受教育年限分别为8.90和8.49年，比2006年分别上升了0.15年和0.14年。

2007年我国60岁以上人口平均受教育年限仅为5年左右，仅相当于小学5年级水平，65岁及以上人口受教育年限仅为4.5年，尚未达到小学5年级的水平。

从表1–6–6可以看到：

（1）男性平均受教育年限高于女性，全国男性和女性受教育程度差距缩小。男性15岁以上人口平均受教育年限为8.98年，比女性高1.15年。男性劳动年龄人口和成年人口平均受教育年限为9.35年和9.03年，分别比女性高0.89年和1.07年。男性60岁以上和65岁以上老年人

表1-6-6 2007年全国按城乡分的人口平均受教育年限

单位：年

年龄	全国			城镇			乡村		
	合计	男	女	合计	男	女	合计	男	女
15岁及以上	8.40	8.98	7.83	9.72	10.23	9.21	7.28	7.92	6.63
15−64岁	8.90	9.35	8.46	10.16	10.52	9.80	7.82	8.34	7.28
25−64岁	8.49	9.03	7.96	9.81	10.27	9.37	7.34	7.96	6.72
60岁以上	5.05	6.40	3.74	6.54	8.01	5.17	3.94	5.24	2.64
65岁以上	4.49	5.99	3.08	6.03	7.71	4.50	3.32	4.71	1.98

资料来源：根据2007年人口变动情况抽样调查资料计算。

注：计算平均受教育年限标准：小学=6年，初中=9年，高中=12年，大学及以上=16年。

口平均受教育年限分别比女性高2.66和2.91年。可见，老年男性和老年女性受教育年限差距接近3年，而15岁以上男性与女性受教育年限差距已经缩小到1年左右。这表明我国男性和女性受教育水平的差距在缩小。新中国成立以后，女性的社会地位逐渐提高，参与社会发展的能力在增强，女性与男性受教育机会逐渐平等。这是我国教育事业发展取得了又一显著成绩。

(2)城镇人口和乡村人口之间受教育水平差距较大。我国城镇15岁及以上人口受教育年限为9.72年，相当于初中水平；而乡村为7.28年，仅相当于初中一年级水平。城镇劳动年龄人口和成年人口平均受教育年限均接近10年，比农村高出2-3年。乡村劳动年龄人口受教育水平较低，无疑将对乡村生产力的发展和新农村建设产生影响，甚至会影响到我国整体经济的发展速度和水平，将制约我国提高创新能力和提高国际社会竞争力。随着九年制义务教育的实施，城镇和乡村人口受教育程年限明显提高，但乡村地区由于发展教育条件差，九年制义务教育还存在一定的困难。国家在教育资源的投入上需要向乡村适度倾斜。

（3）城镇老年人口受教育程度相当于小学水平，而乡村老年人口受教育程度仅为小学四年级水平。无论是60岁以上还是65岁以上老年人，城镇地区受教育年限均超过6年，而乡村仅为4年和3年，城乡老年人受教育年限差距较大。当前城乡15岁及以上人口受教育年限的差距仅为2.44年，这为未来城乡老年人口受教育水平的差距的缩小打下了基础。

6.西部特别是西南地区是我国人口受教育程度最低的地区

我国是一个地区发展不均衡性较为突出的国家。这一特征影响着各地区经济、社会、文化教育等事业的发展。从表1-6-7可以看出：

(1)西部地区15岁及以上人口平均受教育年限低于东部和中部地区。西部地区未上过学的人口占11.66%，小学占31.71%，初中占37.31%，高中占12.55%，大学及以上仅占5.77%。西部地区15岁及以上人口平均受教育年限为7.75年，分别比东部和中部地区低1.03年和0.72年。

表1-6-7 2007年全国15岁以上人口受教育程度状况

单位：%

地区	15岁及以上人口文化程度分布				
	未上过学	小学	初中	高中	大学及以上
全国	**8.77**	**26.32**	**42.22**	**15.21**	**7.49**
东中西部地区					
东	7.18	23.66	43.44	16.55	9.17
中	8.34	24.31	44.82	15.73	6.80
西	11.66	32.71	37.31	12.55	5.77
八大经济区域					
南部沿海地区	6.51	24.76	43.70	17.81	7.22
东部沿海地区	8.66	24.70	38.57	17.08	10.98
北部沿海地区	7.22	22.49	46.14	15.46	8.70
东北地区	4.49	22.69	47.15	16.78	8.88
长江中游地区	10.03	27.15	40.15	15.48	7.20
黄河中游地区	7.92	21.26	48.15	15.98	6.68
西南地区	11.53	35.99	36.95	10.92	4.62
西北地区	14.91	29.09	35.17	13.63	7.19

续表

单位：年

地区	15岁及以上人口受教育年限		
	合计	男	女
全国	**8.40**	**8.98**	**7.83**
东中西部地区			
东	8.78	9.38	8.20
中	8.47	9.02	7.91
西	7.75	8.32	7.18
八大经济区域			
南部沿海地区	8.71	9.38	8.05
东部沿海地区	8.75	9.31	8.19
北部沿海地区	8.11	8.84	7.41
东北地区	9.04	9.37	8.71
长江中游地区	8.25	8.91	7.60
黄河中游地区	8.60	9.10	8.09
西南地区	7.53	8.11	6.95
西北地区	7.70	8.29	7.10

资料来源：根据2007年人口变动情况抽样调查资料计算。

注：计算受教育年限标准：小学=6年，初中=9年，高中=12年，大学及以上=16年。下同。

(2)八大经济区域中西南地区人口受教育年限全国最低

为了准确找出全国受教育程度最低的地区，我们将全国分为八大区域来比较。比较结果发现，西南地区是全国人口受教育年限最低的地区。西南地区未上过学的人口占

11.53%，虽然西北地区未上过学的比例比西南高3.38个百分点，但西北地区人口中高中和大学及以上文化程度的比例均超过西南地区。因此，西南地区人口受教育年限为7.53年，比西北地区低0.17年，成为我国人口受教育年限最低的地区。

(3)东北地区人均受教育年限达到9年以上，是全国人口文化程度最高的地区

东北地区未上过学的人口所占比重（4.49%）在八大经济区域中最低，人口以初中文化程度为主，大学及以上人口所占比例为8.90%，超过了全国平均水平。东北地区15岁及以上人口平均受教育年限达到9.04年，相当于初中水平，比全国平均水平高0.64年，成为我国八大经济区域中人口受教育程度最高的地区。

(4)京、沪地区人口文化程度最高，藏、滇、黔地区受教育程度全国最低

全国各省区人口受教育程度差异很大。从6岁及以上人口平均受教育年限、未上过学人口所占比重和受过高等教育人口所占比重三项指标来看，全国31个省市中，受教育年限居前二位的分别是北京和上海（见表1-6-8），平均受教育年限超过了10年，未上过学人口所占比重只有4%左右，受过高等教育人口所占比重较高。北京市每3人中就有1人受过高等教育，上海市每5人中就有1个。

表1-6-8　2007年全国各地区6岁及以上人口受教育程度

单位：年、%

地　区	受教育年　限	未上过学所占比重	受过高等教育人口所占比重
北　京	11.09	3.50	30.13
上　海	10.45	4.33	21.34
天　津	9.81	4.80	15.74
辽　宁	8.99	4.03	10.00
山　西	8.78	4.07	7.19
吉　林	8.78	4.74	7.49
黑龙江	8.70	4.54	6.40
广　东	8.68	4.13	6.46
新　疆	8.51	4.59	8.97
江　苏	8.43	8.03	8.12
湖　北	8.42	8.35	8.16
湖　南	8.42	5.46	6.17
陕　西	8.40	8.38	7.73
内蒙古	8.36	7.98	7.46
海　南	8.32	7.70	6.26
江　西	8.25	6.65	7.22
山　东	8.23	8.05	5.78
河　南	8.18	7.46	4.04
河　北	8.17	6.23	4.16
浙　江	8.11	9.62	8.59
广　西	8.03	5.60	4.01
宁　夏	7.82	12.06	7.43
福　建	7.75	10.52	5.67

续表

单位：年、%

地　区	受教育年　限	未上过学所占比重	受过高等教育人口所占比重
重　庆	7.72	7.33	3.77
四　川	7.43	9.94	4.10
安　徽	7.24	14.97	3.93
青　海	7.18	16.69	7.07
甘　肃	7.06	17.14	3.83
贵　州	6.84	14.14	3.22
云　南	6.79	14.29	4.02
西　藏	4.62	34.44	1.21

资料来源：根据2007年人口变动情况抽样调查资料计算。

人口受教育程度最低的是西藏、云南和贵州。三个地区人均受教育年限仅相当于小学水平，而西藏仅为4.62年；未上过学的人口所占比重较高，云南和贵州两省每7人中就有1人未上过学，西藏自治区更是每3人中就有1人未上过学。三个地区受过高等教育人口所占比重仅为1%–4%。

7.我国人口文化素质与发达国家差距还很大

当前我国经济发展速度处于世界前列，经济发展取得了举世瞩目的成就。但是作为世界上人口最多的发展中国家，我国人口文化素质与发达国家的差距还相当大。

表1-6-9 15岁以上人口平均受教育年限国际比较

单位：年

类 别	1960年	1970年	1980年	1990年	1995年	2000年
世界(109个国家)	4.64	5.16	5.92	6.43	6.44	6.66
发展中国家(73个)	2.05	2.67	3.57	4.42	4.79	5.13
发达国家(23个)	7.06	7.56	8.86	9.19	9.52	9.76
转型国家(13个)	7.42	8.47	8.90	9.97	9.45	9.68
东亚/太平洋(10个)	2.83	3.80	5.10	5.84	6.35	6.71
中国	–	–	–	–	6.86	7.85
南亚(7个)	1.51	2.05	2.97	3.85	4.16	4.57
中东/北非(11个)	1.23	2.07	3.29	4.38	4.98	5.44
撒哈拉非洲(22个)	1.74	2.07	2.39	3.14	3.39	3.52
拉丁美洲(23个)	3.30	3.82	4.43	5.32	5.74	6.06

资料来源：胡鞍钢，从人口大国到人力资本大国：1980—2000年，中国人口科学，2002年。中国数据来自1995年1%人口调查和2000年人口普查。

从表1-6-9可以看到：

(1)与发达国家相比，我国人口平均受教育程度较低。与世界发展中国家相比，我国人口人均受教育年限已经超过平均水平1—2年。但2007年我国15岁以上人口平均受教育年限为8.4年，仅相当于发达国家上个世纪80年代的水平，相当于转型国家上个世纪70年代的水平。

(2)进入21世纪以后，我国人均受教育年限超过了世界平均水平。1995年以前，我国人均受教育年限在6年以下，低于世界平均水平。2000年时，中国受教育年限达到7.85年，超过世界平均水平1.19年。

(3)与东南亚地区和世界其他一些地区相比，我国人口受教育程度比较高。与东亚和太平洋地区相比，我国人均受教育年限优势不大。但与南亚、中东和北非、撒哈拉以南非洲和拉丁美洲相比，我国人均受教育年限高出1–3年。

可见，虽然我国人口的整体文化素质有了明显提高，但是与发达国家相比，还有相当大的距离。当前国际社会的竞争归根到底是科技人才的竞争，要增强我国的经济实力，保持较快的经济增长速度，必须要优先发展教育，实施科教兴国战略，为我国经济高速稳步发展打下扎实的基础。

七、流动人口

近年来，我国人口流动十分活跃，流动人口数量不断增长。2005 年，全国流动人口已经超过 1.47 亿人。

流动人口不仅在数量上急剧增加，有关的调查还显示，流动人口的性别年龄结构以及流动特征等都在发生迅速的变化。只有及时跟踪这些变化，才能对流动人口的最新情况有准确的把握。利用“2007 年全国人口变动抽样调查”数据，本部分对2007年中国流动人口的各项特征进行分析，以反映流动人口的最新特点和变化趋势。

依据 2007 年人口变动抽样调查资料，被调查者的户口登记地状况(调查项目R61)分为4类：1.住本户，户口在本乡镇街道；2.住本户半年以上，户口在外乡镇街道；3.住本户不满半年，户口在外乡镇街道，离开户口登记地半年以上；4.住本户，户口待定。

对于那些在调查项目 R61 上选择第 2 款或第 3 款的人，这次调查还进一步收集了他们的户口登记地信息(调查项目R62),包括:1.本县(市)其他乡;2.本县(市)其他镇;3.本县(市)其他街道;4.本市区其他乡;5.本市区其他镇;6.本市区其他街道;7.本地(市)其他县(市、区);8.本省其他地(市);9.外省。

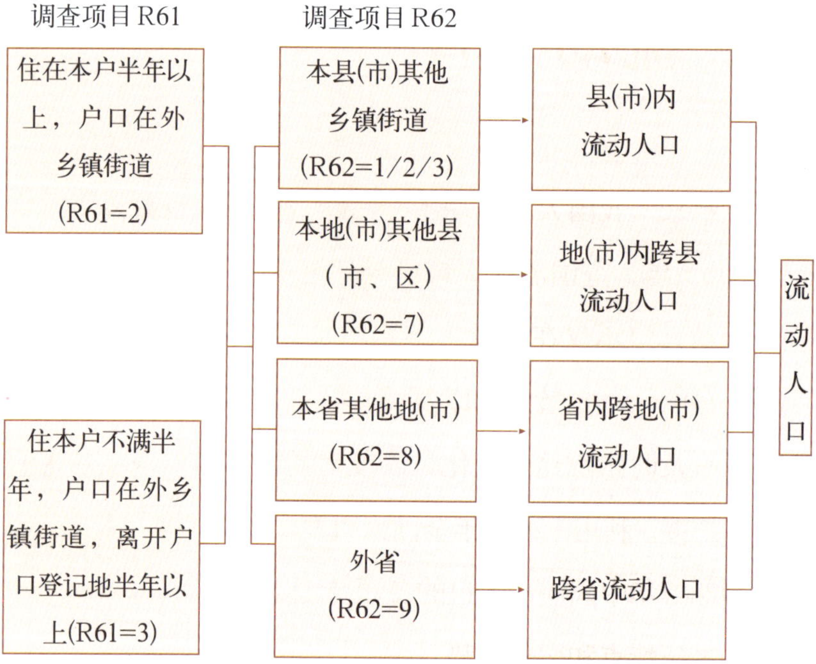

图1-7-1 根据户口登记状况划分的流动人口

根据上述信息，我们将流动人口定义为图1-7-1中表示的各部分人口。

根据流动者跨越的地域范围大小，流动人口又可进一步分为:(1)跨省流动人口;(2)省内跨地(市)流动人口;(3)地(市)内跨县流动人口,(4)县(市)内流动人口。

依据上述有关流动人口的定义和分类，2007 年流动人口的主要特征分析结果如下。

(一)流动人口的人口学特征

1.男女流动人口数量持平，流动人口性别比因类而异

2007 年，全国流动人口的性别比 101.3(图 1-7-2)，与 2006年的性别比(101.7)十分接近，说明流动人口延续了男女性数量大体持平的趋势。

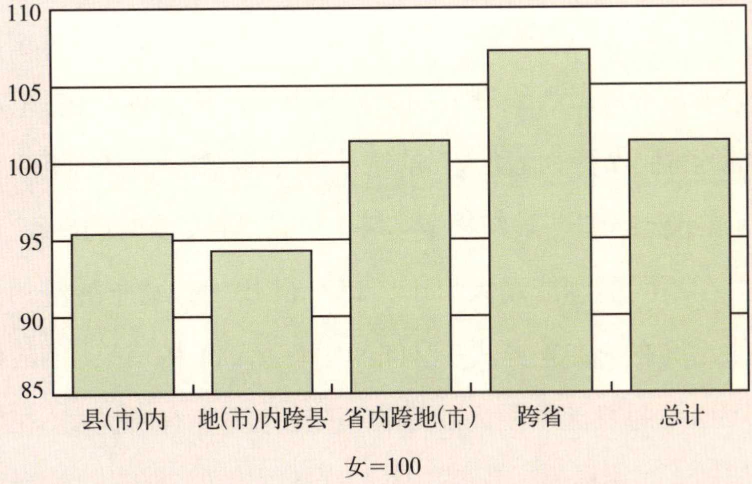

图 1-7-2　2007 年流动人口性别比

数据来源：根据2007年全国人口变动抽样调查数据计算(本专题图表数据来源没有特别注明时，均与之相同)。

不同类型流动人口的性别比差异较大。县(市)内流动人口和地(市)内的流动人口性别比小于100，表明在这两类近距离流动人口中女性多于男性；省内跨地(市)流动人口的性别比为101.37，该类流动人口中男性和女性非常接近；跨省流动人口的性别比最高，达到107.23，表明跨省流动的性别选择性最强。但不管在哪种类型的流动人口中，以往男性明显多于女性的情况都已经不存在了。

2.流动人口以劳动年龄人口为主

图1-7-3显示了2007年各类流动人口的年龄结构。在全部流动人口中，劳动年龄人口(15—64周岁)所占比例达到83.81%，其中15—44周岁青壮年劳动年龄人口在全部流动人口中所占份额高达69.9%。流动人口以青壮年劳动力为主的趋势继续得到保持。流动人口的这种年龄结构特点，从图1-7-4所示的流动人口年龄结构金字塔中可以得到更直观的反映。

在不同类别流动人口中，15—64周岁劳动年龄流动人口的比例有一定差异。在县(市)内流动人口中，该比例最低(76.9%)，随着流动距离的延长，该比例逐步有所提高，在跨省流动人口中最高，达88.2%。这反映了人口流动过程所具有的年龄选择性，越是远距离的流动，青壮年所占比例就越高，也就是说流动人口的年龄结构随流动距离的增加趋于年轻化。

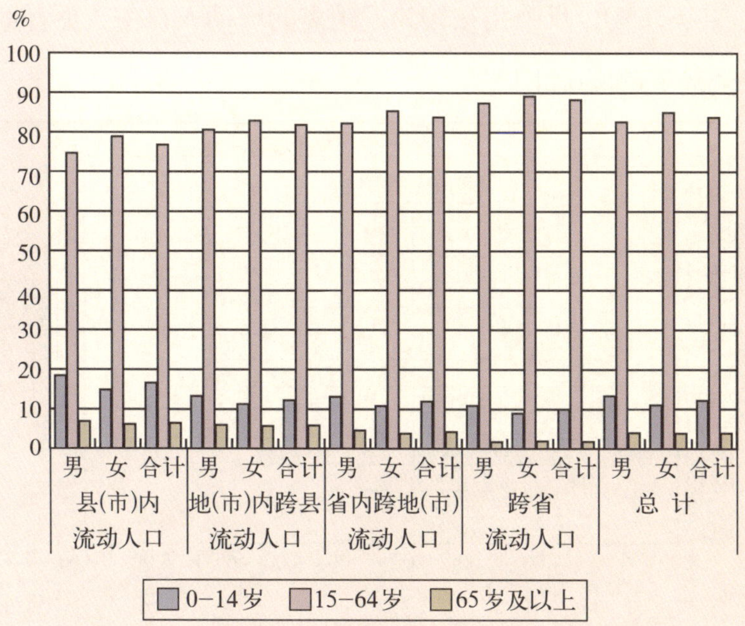

图1-7-3　2007年全国流动人口的年龄结构

与此同时，女性流动人口中15-64周岁年龄人口所占比例在各类流动人口中均高于相应的男性比例，说明女性流动人口更集中于青壮年，女性流动人口的总体年龄结构比男性流动人口更年轻。

近年来，流动人口中0-14周岁流动儿童的比例呈现不断上升的势头。2007年调查数据显示，这一势头仍在继续，流动儿童比例达到12.86%。当然，在不同类别流动人口中，流动儿童所占比例也存在较大差异。在跨省流动人口中，流动儿童所占比例最低(9.99%)，而在县(市)内流动人口中的该比例最高(16.6%)，反映出在较为近距离的流动人口中，更普遍携带流动儿童的倾向。

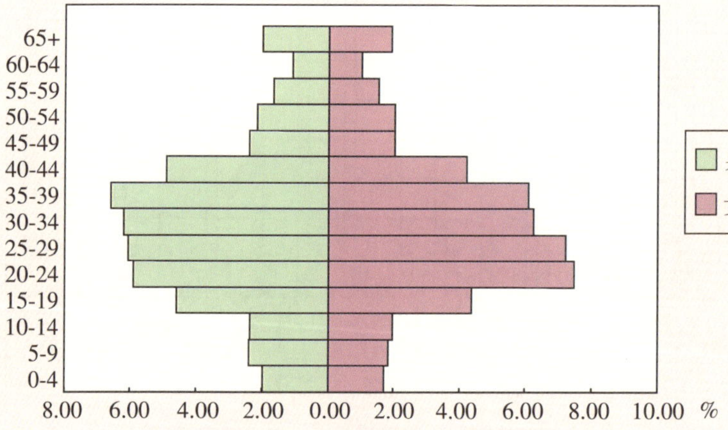

图1-7-4　2007年全国流动人口性别年龄金字塔

3.流动人口平均受教育年限达9.49年

流动人口的受教育程度以初中为主，受教育程度为初中毕业者占6周岁以上流动人口的44.4%(见图1-7-5)，其次为小学(21.1%)和高中(17.4%)。值得注意的是，在流动人口中，接受过大专以上教育者所占比例已经达到13.4%，比上一年提高了0.84个百分点。尤其值得注意的是，在流动人口中，有0.54%的人接受过研究生教育。流动人口的受教育程度构成正处在高学历化的进程中。

表1-7-1呈现了2007年6周岁以上流动人口的平均受教育年限。结果表明，全部流动人口的平均受教育年限已经达

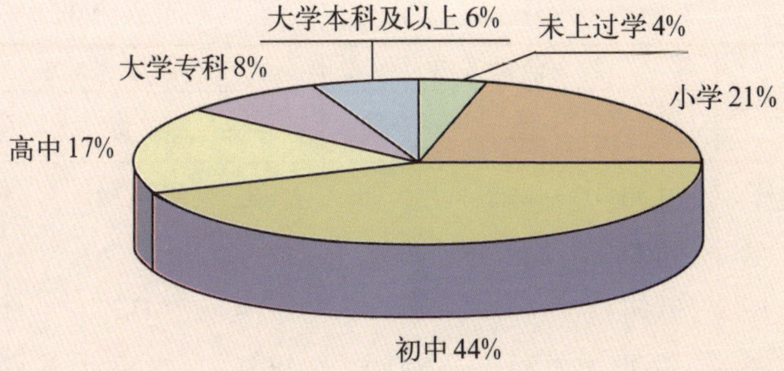

图1-7-5　2007年全国6岁及以上流动人口受教育程度构成

表1-7-1　2007年流动人口受教育程度构成和平均受教育年限

单位：%，年

受教育程度	县(市)内流动人口			地(市)内跨县流动人口			省内跨地(市)流动人口		
	男	女	合计	男	女	合计	男	女	合计
未上过学	2.66	7.81	5.31	1.62	5.78	3.76	2.10	5.80	3.94
小　学	22.38	25.57	24.02	16.80	19.08	17.97	19.83	21.06	20.44
初　中	39.43	41.50	40.50	38.39	39.83	39.14	39.72	38.88	39.31
高　中	23.70	16.41	19.94	23.63	19.69	21.60	18.25	14.31	16.29
大学专科	7.89	5.99	6.91	11.03	9.96	10.48	12.21	14.76	13.48
大学本科	3.47	2.51	2.97	7.66	5.33	6.45	7.20	4.78	5.99
研究生	0.48	0.21	0.34	0.88	0.34	0.60	0.68	0.41	0.55
合　计	100	100	100	100	100	100	100	100	100
平均受教育年限	9.63	8.63	9.11	10.43	9.59	10.00	10.17	9.67	9.92

续表

单位：%，年

受教育程度	跨省流动人口			全部流动人口		
	男	女	合计	男	女	合计
未上过学	1.40	4.16	2.73	1.83	5.58	3.70
小学	18.72	22.97	20.78	19.47	22.76	21.11
初中	51.50	47.93	49.78	45.06	43.75	44.41
高中	16.28	13.54	14.96	19.41	15.36	17.39
大学专科	5.72	5.53	5.63	7.92	7.61	7.77
大学本科	5.59	5.43	5.51	5.61	4.57	5.09
研究生	0.78	0.45	0.62	0.71	0.36	0.54
合计	100	100	100	100	100	100
平均受教育年限	9.65	9.14	9.40	9.83	9.15	9.49

到9.49年，比上一年提高了0.17年。这个指标也表明，我国流动人口的平均受教育程度已经超过初中毕业水平。

分流动类别来看，平均受教育年限最高的是地(市)内跨县流动人口，达到10年，其次是省内跨地(市)流动人口，为9.92年，再次为跨省流动人口，为9.40年，最低的为县(市)内流动人口，仅有9.11年。小学及以下教育程度的人口在县(市)内流动人口中所占比例最大，达到29.3%，在地(市)内跨县流动人口中比例最小，占21.73%。受过大专及以上教育的比例在省内跨地(市)流动人口中最高，达到20.02%，在县(市)

内流动人口中最低，仅为10.22%。

分性别来看，无论是所有流动人口，还是具体到各类流动人口中，男性流动人口的平均受教育年限都要高于女性，受过大专及以上教育的比例在男性流动人口中要高于女性，受教育程度在小学及以下水平的比例在女性流动人口中要高于男性。

4.流动人口受教育水平地区差异显著，北京流动人口文化程度居全国之首

分地区来看，流动人口受教育状况的地区差异也十分明

表1-7-2　2007年各地区流动人口平均受教育年限

单位：年

地　区	受教育年　限	地　区	受教育年　限	地　区	受教育年　限
全　国	**9.49**	浙　江	8.72	重　庆	8.79
北　京	10.60	安　徽	9.17	四　川	8.77
天　津	10.27	福　建	8.75	贵　州	8.61
河　北	9.34	江　西	9.13	云　南	8.40
山　西	9.71	山　东	10.41	西　藏	5.74
内蒙古	8.99	河　南	9.49	陕　西	9.31
辽　宁	10.13	湖　北	10.36	甘　肃	9.70
吉　林	9.46	湖　南	9.86	青　海	8.98
黑龙江	8.61	广　东	9.57	宁　夏	8.45
上　海	10.12	广　西	9.79	新　疆	8.91
江　苏	9.65	海　南	10.08		

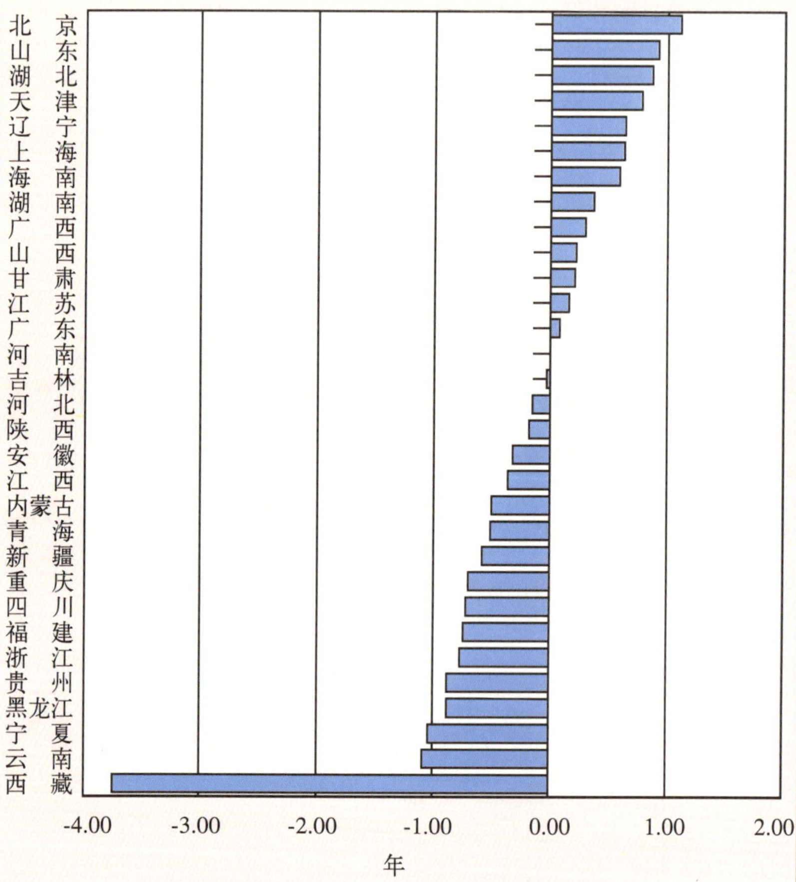

图1-7-6 2007年各地流动人口平均受教育年限与全国水平差异

显(参见表1-7-2和图1-7-6)。流动人口平均受教育年限最高的三个地区是：北京(10.60)、山东(10.41)和湖北(10.36)，分别比全国平均水平高出1.11、0.92和0.87年。最低的三个地区是宁夏(8.45)、云南(8.40)和西藏(5.74)，分别比全国平均水平低1.04、1.09和3.75年，换句话说，这三个地区的流动人口平均受教育程度还不到初中毕业水平，平均而言，西藏流动人口的平均受教育年限甚至还未达到小学毕业水平。从全国来看，流动人口平均受教育年限超过全国平均水平的地区包括北京、山东、湖北、天津、辽宁、上海、海南、湖南、广西、山西、甘肃、江苏和广东等13个省区，主要集中在东部和南部地区。

5. 71.8%的流动人口有配偶；流动人口的婚姻状况有性别差异

绝大多数流动人口有配偶。如表1−7−3所示，在15岁及以上的流动人口中，有配偶的比例达到71.8%。县(市)内流动人口中有配偶的比例居四种类型的流动人口之首，达到79.37%；省内跨地(市)流动人口中有配偶的比例最低，仅62.8%。

在15岁及以上流动人口中，有四分之一的人口处于未婚，而且男性流动人口未婚比例高于女性流动人口，男性未婚者的比例为27.62%，高出女性4.66个百分点。分流动类型来看，省内跨地(市)流动人口的未婚比例最高，约有三分之一的人口处于未婚，比例高达34.49%。

流动人口在各种类型的婚姻状况下均表现出性别差异。总的来讲，女性流动者中的未婚比例普遍低于男性流动者，然而在“离婚”和“丧偶”两种情况下则是女性比例要普遍高于男性。

表1-7-3 15岁及以上流动人口的婚姻状况构成

单位：%

婚姻状况	县(市)内流动人口			地(市)内跨县流动人口			省内跨地(市)流动人口		
	男	女	合计	男	女	合计	男	女	合计
未婚	19.12	12.27	15.54	27.71	21.45	24.45	35.07	33.93	34.49
初婚有配偶	74.47	78.14	76.39	67.38	70.03	68.76	61.61	60.89	61.24
再婚有配偶	2.70	3.23	2.98	2.21	3.20	2.72	1.24	1.88	1.56
离婚	1.16	1.16	1.16	0.87	1.39	1.14	0.79	0.66	0.73
丧偶	2.55	5.20	3.93	1.83	3.93	2.92	1.30	2.64	1.97
合计	100	100	100	100	100	100	100	100	100

续表

单位：%

婚姻状况	跨省流动人口			总计		
	男	女	合计	男	女	合计
未婚	29.48	25.94	27.75	27.62	22.96	25.28
初婚有配偶	68.67	70.53	69.58	68.83	71.00	69.92
再婚有配偶	0.80	1.53	1.16	1.50	2.26	1.88
离婚	0.54	0.58	0.56	0.76	0.86	0.81
丧偶	0.51	1.42	0.95	1.28	2.91	2.10
合计	100	100	100	100	100	100

6. 68.47%的流动人口为农业户口

流动人口的户口性质以农业户口为主(见图1-7-7)。2007年全国流动人口中有农业户口的比例为68.47%，较2006年增加了2个百分点。分流动类型来看，跨省流动人口中农业户口比例最高，达78.76%，地(市)内跨县流动人口中农业户口比例最低，为52.58%。分性别来看，跨省流动人口中，女性流动人口中农业户口的比例略低于男性，省内流动人口中女性流动人口的农业户口比例则要高于男性。

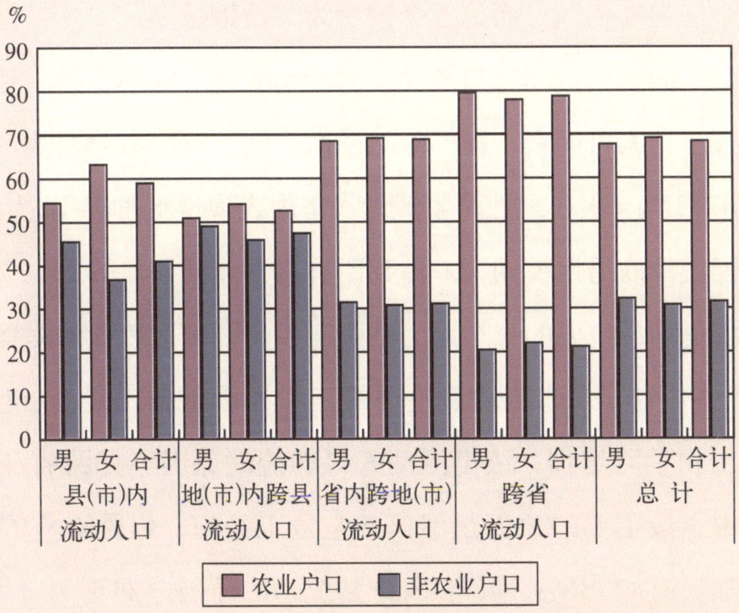

图1-7-7 2007不同类型流动人口户口性质构成

7.人口流动最主要的原因是“务工经商”

全国流动人口中，46.82%是因为“务工经商”而流动(见表1-7-4)，这一原因在男性中表现更为突出，该原因占到所有男性流动人口的53.32%，比女性流动人口的对应比例高出13个百分点。次要的流动原因是“随迁”，占所有流动人口的17.46%，因“随迁”流动的女性流动人口比例高于男性流动人口。上述以外的其他流动原因所占比例都相对较低，不到10%。男性最主要的三个流动原因是“务工经商”、“随迁家属”和“投靠亲友”，女性流动最主要的三个原因中的前两个与男性相同，而第三个则变为“婚姻嫁娶”。

不同类型流动人口流动原因的构成有一定的差异。对于跨省流动人口而言，在“务工经商”这一原因最为聚集，达到67.22%，这在男性跨省流动人口中表现得更加突出，因该原因流动的男性流动人口占到所有男性流动人口的73.73%，跨省流动最主要的三个原因是务工经商、随迁家属和投靠亲友。省内跨地(市)流动最主要的三个原因是务工经商、随迁家属和学习培训，该类流动人口的流动原因不如跨省流动集中，最主要的原因虽然仍然是务工经商，但是对应的比例却仅有43.38%。地(市)内跨县流动的原因分布更为分散，最主要的两个原因——务工经商和随迁家属所占比例分别仅占到29.66%、21.04%，拆迁搬家一跃成为第三位主要原因，占11.76%。在县(市)内流动中，流动原因与前述几类流动人口差异很大，同时也更加地分散，最主要的三个流动原因是随迁家属(23.54%)、务工经商(21.57%)和拆迁搬家(13.00%)。

总的说来,较远距离的跨省流动的流动原因更集中在务工经商方面,而在较为近距离的省内流动中流动原因的分布则较为分散，虽然务工经商仍然属于重要原因之列，但是已经不像跨省流动中一样高度集中，而学习培训、拆迁搬家等原因显得更为突出。

表1-7-4　不同类别流动人口迁移原因构成

单位：%

流动原因	县(市)内流动人口			地(市)内跨县流动人口			省内跨地(市)流动人口		
	男	女	合计	男	女	合计	男	女	合计
务工经商	26.42	16.94	21.57	34.69	24.91	29.66	50.38	36.29	43.38
工作调动	6.64	3.10	4.83	5.07	3.07	4.04	3.66	2.20	2.93
分配录用	1.35	0.89	1.11	1.01	0.74	0.87	0.90	0.64	0.77
学习培训	5.62	2.94	4.25	8.87	4.52	6.63	12.20	12.00	12.10
拆迁搬家	14.56	11.52	13.00	13.37	10.23	11.76	2.22	2.55	2.38
婚姻嫁娶	4.98	20.35	12.85	4.75	17.43	11.27	3.08	11.42	7.22
随迁家属	20.45	26.48	23.54	17.56	24.32	21.04	15.41	22.80	19.08
投亲靠友	9.03	8.18	8.59	7.58	8.09	7.84	6.16	7.05	6.60
其　他	10.95	9.60	10.26	7.09	6.68	6.88	5.99	5.05	5.52
总　计	100	100	100	100	100	100	100	100	100

续表

单位：%

流动原因	跨省流动人口			总计		
	男	女	合计	男	女	合计
务工经商	73.73	60.25	67.22	53.32	40.23	46.82
工作调动	2.66	1.60	2.14	4.11	2.30	3.21
分配录用	0.49	0.45	0.47	0.83	0.64	0.74
学习培训	3.15	3.47	3.30	5.83	4.67	5.25
拆迁搬家	0.76	0.63	0.70	6.16	5.21	5.69
婚姻嫁娶	1.50	8.69	4.97	3.04	13.45	8.21
随迁家属	10.25	14.90	12.49	14.50	20.45	17.46
投亲靠友	5.35	7.69	6.48	6.68	7.79	7.23
其他	2.11	2.32	2.21	5.52	5.26	5.39
总计	100	100	100	100	100	100

（二）流动人口的流动特征

1.半数人口的流动跨越省界

按流动距离远近，可以将流动人口分为四类：跨省流动人口、省内跨地(市)流动人口、地(市)内跨县流动人口和县内跨乡(镇)流动人口。此次调查结果显示，将近一半流动人口的流动跨越了省际边界，成为跨省流动人口(如图1－7－8所示)；其次是县(市)内流动人口，占到所有流动人口的四分之一；省内跨地(市)流动人口和地(市)内跨县流动人口所占比例分别为

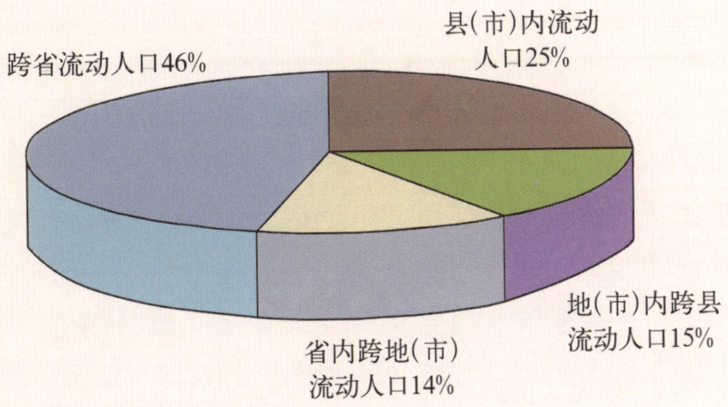

图1-7-8　2007年全国流动人口构成

14%和15%。总的说来，跨省流动人口占全部流动人口的46%，省内流动人口占54%。

2.京津沪粤浙流入人口以跨省为主

在不同地区，流动人口按流动距离划分的类别构成差异十分明显。表1-7-5列出了分布于全国31个省(市、自治区)的流入人口构成。一部分地区的流入人口以跨省流动人口为主,跨省流入人口占当地的流入人口比例最高的地区为北京,高达95.07%,这一比例超过50%的地区还有上海(80.24%)、广东(73.94%)、浙江(60.96%)和天津(60.67%)。

除京津沪粤浙以外，在其他地区的流入人口中省内流动较跨省流入更为普遍，省内流动人口的比例都超过了

表1-7-5 2007年各地区流入人口构成

单位：%

地区	流动人口构成					流入人口占常住人口比例
	县(市)内流动人口	地(市)内跨县流动人口	省内跨地(市)流动人口	跨省流动人口	合计	
全国	**24.96**	**15.29**	**13.70**	**46.05**	**100**	**6.93**
北京	1.63	3.30	-	95.07	100	27.22
天津	36.99	2.35	-	60.67	100	6.63
河北	41.01	31.28	7.27	20.44	100	3.93
山西	41.78	17.66	21.85	18.72	100	4.84
内蒙古	33.62	20.94	25.47	19.97	100	9.29
辽宁	28.52	25.44	17.96	28.08	100	7.13
吉林	37.54	30.61	11.95	19.90	100	4.49
黑龙江	36.82	26.06	26.06	11.06	100	7.50
上海	2.88	16.88	-	80.24	100	21.25
江苏	14.33	9.96	25.83	49.89	100	9.45
浙江	24.08	7.72	7.24	60.96	100	15.24
安徽	49.12	19.00	17.78	14.10	100	3.49
福建	31.58	18.52	13.27	36.63	100	12.19
江西	62.28	15.66	13.87	8.18	100	3.83
山东	34.33	24.48	21.34	19.85	100	4.40
河南	55.23	18.04	15.70	11.02	100	1.94
湖北	42.20	25.07	19.39	13.35	100	5.53
湖南	42.33	25.47	20.58	11.63	100	2.13
广东	5.32	2.90	17.84	73.94	100	27.81
广西	36.74	21.60	29.58	12.09	100	2.12
海南	33.33	18.80	17.29	30.58	100	5.42
重庆	25.78	44.74	-	29.48	100	4.15

续表

单位：%

地区	流动人口构成					流入人口占常住人口比例
	县(市)内流动人口	地(市)内跨县流动人口	省内跨地(市)流动人口	跨省流动人口	合计	
四川	44.61	21.35	22.73	11.30	100	3.87
贵州	40.02	13.75	25.81	20.42	100	4.17
云南	27.81	19.44	20.16	32.59	100	2.92
西藏	34.78	34.78	13.04	17.39	100	0.20
陕西	54.18	21.53	11.26	13.03	100	3.48
甘肃	42.24	25.22	20.26	12.28	100	1.11
青海	30.94	22.36	13.81	32.89	100	6.65
宁夏	36.14	23.81	15.25	24.80	100	4.47
新疆	30.78	8.96	13.75	46.51	100	3.97

50%。省内流动人口占全部流入人口比例最高的五个省区是江西(91.82%)、河南(88.98%)、黑龙江(88.94%)、四川(88.7%)和湖南(88.37%)。根据表1-7-5各地区的比例还可以看出，省内流动人口中县(市)内流动最常见，最为突出的是江西、河南、陕西、安徽和四川，县(市)内流动人口占所有流动人口的比例都超过40%。

3.粤京浙沪闽共吸引全国44%的流动人口

流动人口在全国31个省区的分布十分不均匀，图1-7-9

表示了2007年各个省区的流动人口占全国流动人口的比例，其中最高的五个省区分别是广东(12.56%)、北京(9.97%)、浙江(8.0%)、上海(7.98%)和福建(5.67%)，五个省区共集中了全国流动人口的44%。

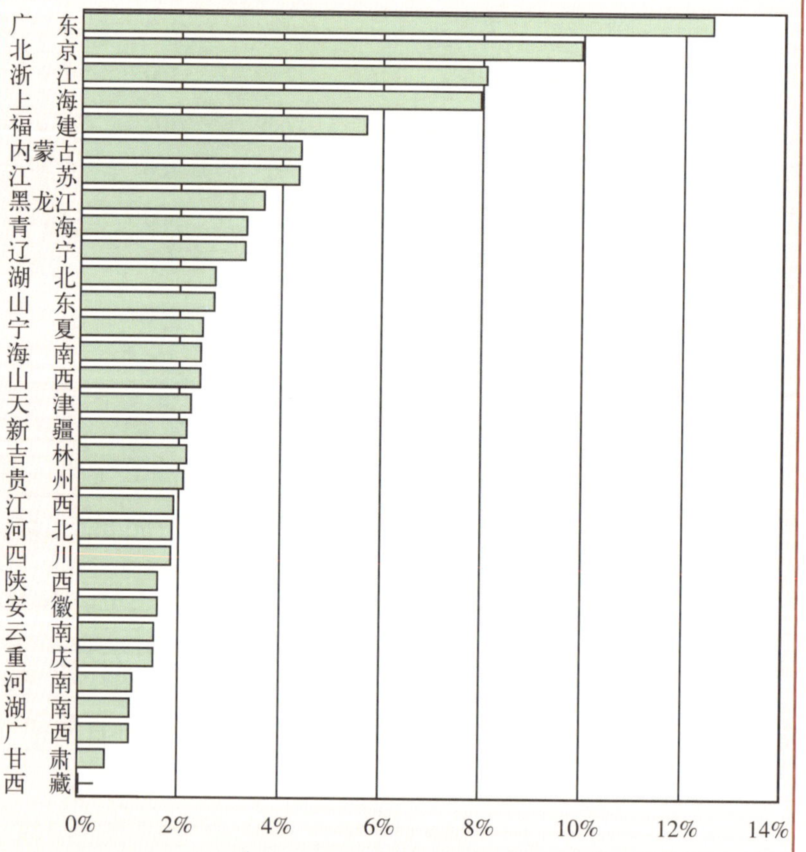

图1-7-9 2007年全国流动人口的地区分布

4.粤京沪浙闽流入人口占当地常住人口比例均逾10%

流入人口占当地常住人口比例反映了人口流动对当地的影响程度。如图1－7－10所示，在全国31个省区中，广东省的流入人口占本省常住人口比例最高，为27.81%。该

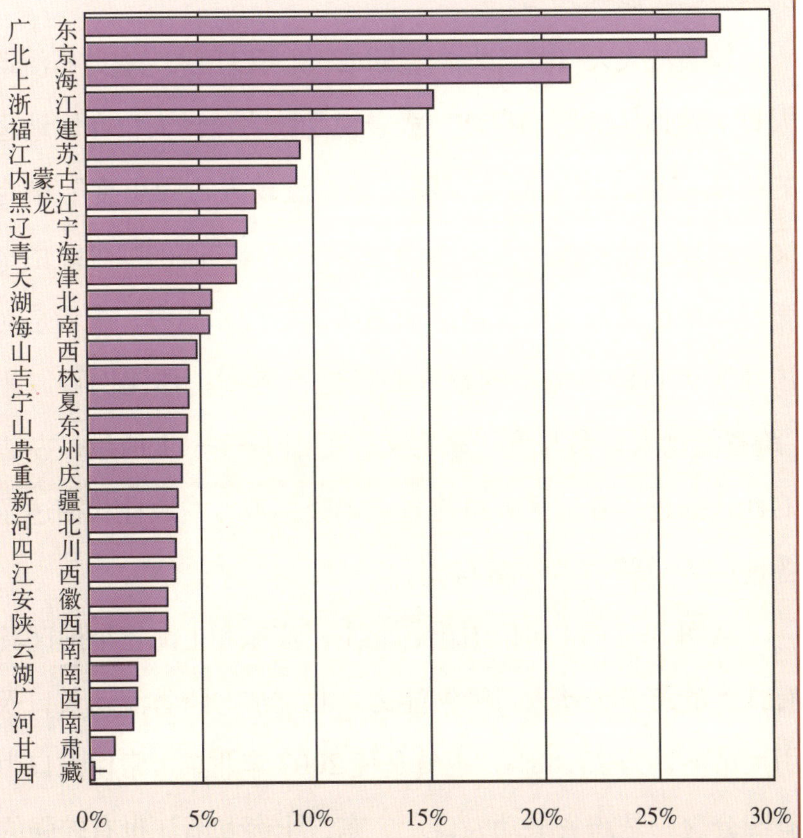

图1－7－10　2007年流入人口占当地常住人口比例

比例在10%以上的省区还有北京(27.22%)、上海(21.25%)、浙江(15.24%)和福建(12.19%)。云南、湖南、广西、河南、甘肃和西藏等省区的流动人口比例较低,占当地常住人口的比例都不超过3%。

5.京粤沪跨省流动人口吸引度最强;川皖豫跨省流动人口参与度最高

跨省流入人口占当地常住人口比例可以用来考察跨省流动人口对该地区的影响程度,或者说是跨省流动人口在该地区的活跃程度,该比例可以用"跨省流动人口吸引度"来定义。同理,跨省流出人口占当地常住人口的比例则可以用来考察该地区参与全国经济活动的活跃程度和能力,或者是对该地区人口跨省流出的频率高低进行考察,该比例可以用"跨省流动人口参与度"来定义。如图1-7-11所示,左边的柱状描述了各地区人口跨省流动吸引度,右边柱状描述了各地区人口跨省流动参与度。

从图1-7-11可以看出,北京、广东和上海三个地区具有强大的跨省流动人口吸纳能力。北京市的跨省流动人口吸引度最高,为25.88%,也就是说2007年北京市常住人口中有四分之一是跨省流动人口。广东、上海和浙江也有较强的跨省流动人口吸引度,分别为20.56%、17.05%和9.29%,上述以外的其他各省区的跨省流动人口吸引度相对较弱，跨省流动人口占当地常住人口的比例均在5%以下。

从跨省流动人口参与度来看，四川、安徽两省尤为突出，跨省流出人口占当地常住人口比例分别为11.31%和11.19%。其

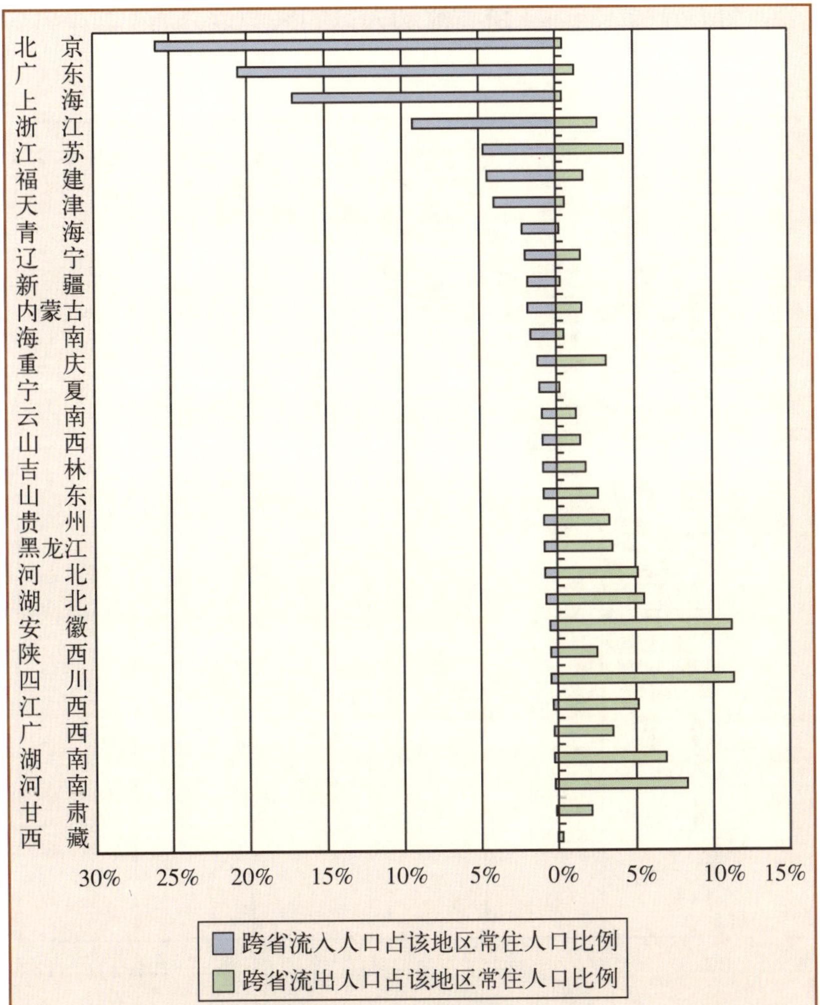

图1-7-11 各地区跨省流动人口占常住人口比例

次河南、湖南、湖北、江西和河北的跨省流动人口参与度也比较高，均在5%以上。

6.三成跨省流动人口来自川皖豫

图1-7-12描述了跨省流动人口的来源地分布，即来自各

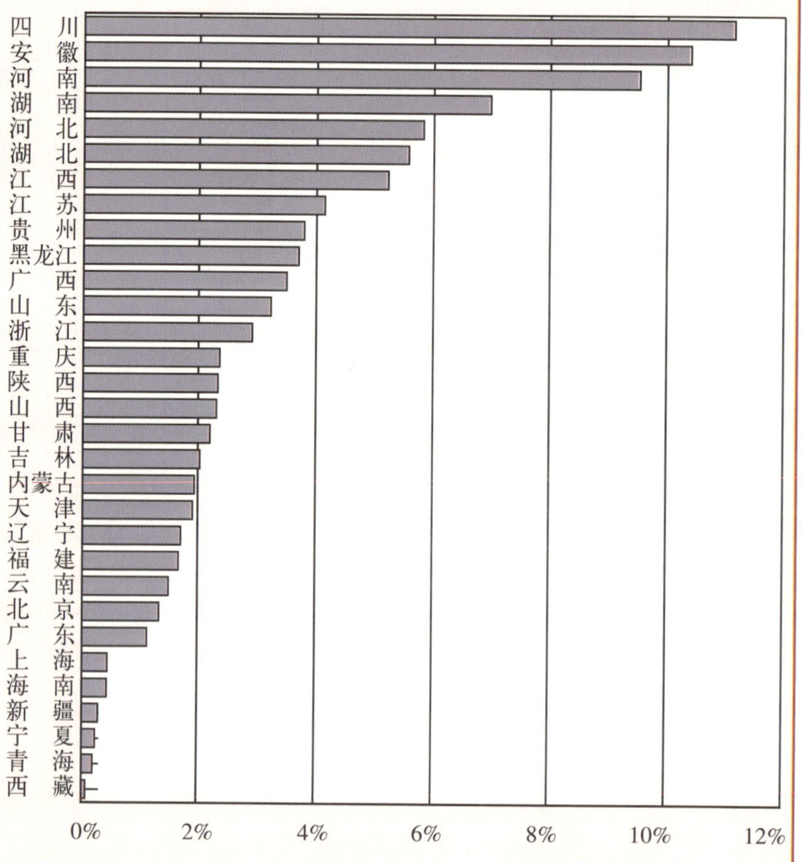

图1-7-12 跨省流动人口来源地分布

省的跨省流动人口占全国流动人口的百分比。由图可知，跨省流动人口的主要来源地为四川、安徽、河南等省份，这三个省份输出了全国31.1%的跨省流动人口。此外湖南、河北、湖北和江西输出的跨省流动人口占全国跨省流动人口的比例均在5%以上。

(三)流动儿童

流动儿童是指流动人口中14岁及以下的儿童。根据2007年人口变动抽样调查的结果，2007年全国流动儿童在全国流动人口中所占比例为12.26%。流动儿童中，跨省流动的比例最大，占到37.50%，其次为县内流动，占所有流动儿童的33.82%，地(市)内跨县流动儿童占15.28%，省内跨地(市)流动儿童占13.39%。

2007年流动儿童的平均年龄为7.33岁，比2006年的平均年龄多了0.9岁。其中男性流动儿童平均年龄为7.34岁，比女性流动儿童高0.3岁。分流动类型来看，县内流动儿童的平均年龄最高，有7.93岁，跨省流动儿童的平均年龄最低仅为6.71岁，此外，地(市)内跨县为7.34岁，省内跨地(市)为7.52岁。

2007年全国流动儿童的性别比为122，男性流动儿童占54.96%，女性流动儿童占45.04%，男性流动儿童多于女性流动儿童。分流动类型来看，跨省流动儿童中男女数量差异最大，性别比达到最高，为130；地(市)内跨县流动儿童的性别比最低，为111。此外，县(市)内流动儿童性别比为118，省内跨地(市)流动儿童性别比为123。

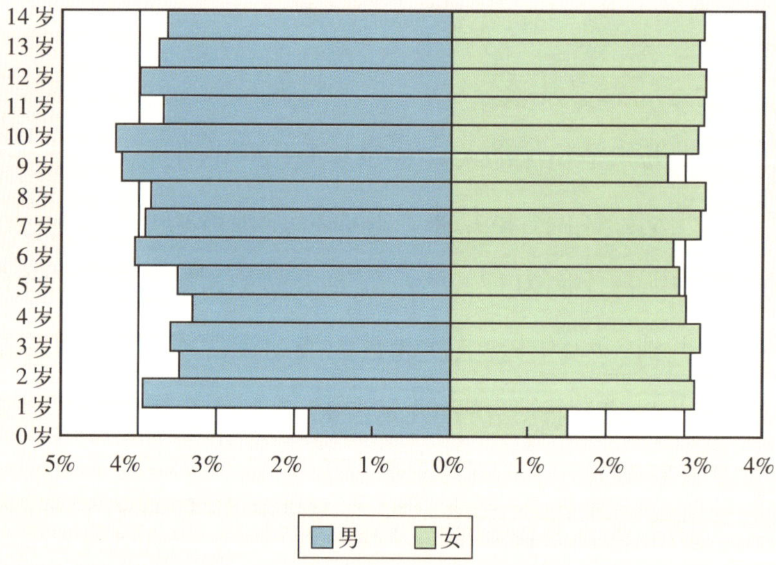

图1-7-13　2007全国流动儿童性别年龄金字塔

流动儿童的性别年龄金字塔如图1-7-13所示。0-5岁的学龄前儿童占流动儿童总量的36.45%，其中男性占总量的19.60%，女性占总量的16.85%。6-14岁义务教育阶段适龄儿童占63.55%，其中男性占总量的35.37%，女性占总量的28.19%。

表1-7-6 各地区流动儿童类别构成

单位：%

地区	县(市)内流动儿童	地(市)内跨县流动儿童	省内跨地(市)流动儿童	跨省流动儿童	合计
北京	2.51	2.51	0.00	94.99	100
天津	36.47	1.18	0.00	62.35	100
河北	40.40	34.00	5.20	20.40	100
山西	51.70	18.58	18.89	10.84	100
内蒙古	36.54	19.41	25.35	18.71	100
辽宁	35.58	26.22	8.61	29.59	100
吉林	45.58	26.05	10.23	18.14	100
黑龙江	43.58	23.68	20.91	11.84	100
上海	3.01	19.17	0.00	77.82	100
江苏	23.53	6.72	14.85	54.90	100
浙江	33.38	6.65	6.52	53.45	100
安徽	56.19	21.13	14.95	7.73	100
福建	41.20	13.03	10.04	35.74	100
江西	69.67	12.33	12.33	5.67	100
山东	43.87	22.68	11.90	21.56	100
河南	64.74	17.31	10.26	7.69	100
湖北	53.18	23.22	14.61	8.99	100
湖南	52.04	21.43	11.22	15.31	100
广东	8.02	3.83	27.65	60.49	100
广西	26.97	20.22	37.08	15.73	100
海南	38.27	20.16	13.17	28.40	100
重庆	34.08	39.66	0.00	26.26	100
四川	49.51	18.14	23.04	9.31	100

续表

单位：%

地　区	县(市)内流动儿童	地(市)内跨县流动儿童	省内跨地(市)流动儿童	跨省流动儿童	合　计
贵　州	44.38	12.05	25.48	18.08	100
云　南	33.03	16.06	22.02	28.90	100
陕　西	63.57	17.84	8.18	10.41	100
甘　肃	52.94	11.76	13.73	21.57	100
青　海	38.59	19.90	12.14	29.37	100
宁　夏	36.73	23.58	17.69	22.00	100
新　疆	22.48	6.04	15.44	56.04	100
总　计	33.82	15.28	13.39	37.51	100

不同地区的流动儿童类别构成差别较大。全国31个省区中，北京市流动儿童中跨省流动儿童所占比例最高，达到94.99%，其次是上海、天津、广东、新疆、江苏、浙江，这些地区跨省流动儿童占当地全部流动儿童的比例都在50%以上。在江西、河南、安徽、湖北等省的流动儿童以省内流动儿童为主，这些地区的省内流动儿童占全省流动儿童的比例都超过90%，而且这些地区的省内流动儿童又以县(市)内流动儿童居多，县(市)内流动儿童占全省流动儿童的比例都超过50%。

2007年，全国6岁以上流动儿童的总体就学状况良好，义务教育的普及率较2006年更为广泛。如表1-7-7所示，2007

年所有流动儿童的在校率为95.41%，比2006年提高了0.12个百分点。2007年男性和女性流动儿童在校率分别为95.49%和95.31%。

也要注意到，在流动儿童群体中，未按规定接受义务教育的流动儿童也占一定比例。本次调查提供了详细的受教育程度信息和学业完成情况信息，可以对学龄流动儿童接受义务教育的情况进行分析。在适龄流动儿童中，本报告将未上过学、辍学、仅小学毕业就停止学业和仅小学肄业就停止学业者均视为未按规定接受义务教育的儿童。根据以上对儿童未接受义务教育的定义，2007年全国流动儿童未按规定接受

表1-7-7 流动儿童分性别的受教育程度

单位：%

就学状况	男	女	合 计
未 上 学	2.92	3.03	2.97
在 校	95.49	95.31	95.41
初中毕业	0.50	0.46	0.48
初中肄业	0.08	0.04	0.06
辍 学	0.20	0.25	0.22
仅小学毕业	0.70	0.85	0.77
仅小学肄业	0.11	0.07	0.09
合 计	100	100	100
未按规定接受义务教育	3.93	4.19	4.04

义务教育的比例达到4.04%，其中女童的比例为4.19%，比男童高出0.26个百分点。

在这些未按规定接受义务教育的流动儿童中，大部分从未上过学，占到所有未按规定接受义务教育的流动儿童的73.51%。其次，不少流动儿童小学毕业以后便停止学业，主动或者被动地失去继续接受初中教育的机会，这样的儿童占到所有未按规定接受义务教育的流动儿童的19.06%。

第二篇

改革开放30年来的中国人口发展

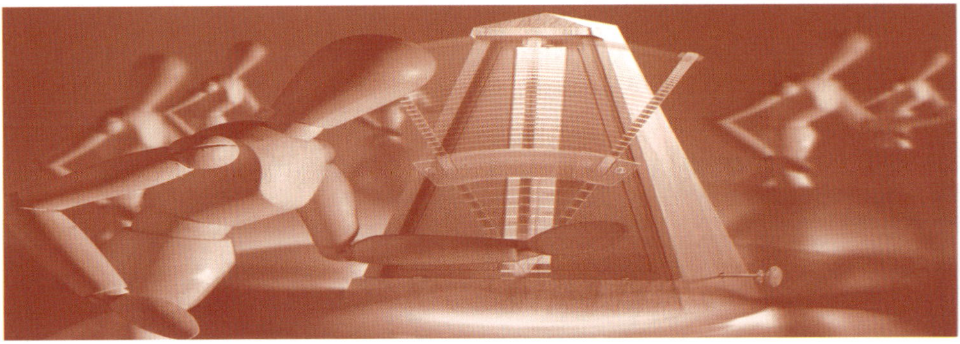

一、性别年龄结构变化

改革开放以后，计划生育政策被列为国家基本国策，这突显了国家对人口问题的高度重视。“控制人口数量、提高人口质量”成为人口政策的基本内容。改革开放30年以来，人口少出生近4亿人，平均预期寿命提高到73岁，人口总和生育率从20世纪70年代初的5.8下降到现在的1.8左右，我国已经进入低生育水平国家行列。我国在人口数量控制上取得了举世瞩目的成就，最显著的变化是少年儿童人口总量和占总人口比例已经持续减少和下降，人口年龄结构转变为老年型，人口老龄化日益发展，劳动年龄人口超过9亿人，我国进入劳动力最丰富、人口抚养比最低的时期，为社会经济发展创造了有利条件。与此同时，新的人口问题——人口性别年龄结构问题也日益显现。我国人口性别年龄结构近三十年来发生了明显变化，其中倍受政府、社会和学术界关注的有以下几个问题：一是出生人口性别比持续偏高；二是人口老龄化快速发展，人口高龄化趋势明显。

1．30年来我国人口性别比基本保持在106左右

新中国成立以来，我国总人口性别比在105~108之间，总体上略有下降。1977年，我国总人口性别比为106.2，到2007年，总人口性别比仍然是106.2，30年间总人口性别比均保持在106左右，没有发生较大变化。2007年，全国男性占总人口的比重为51.5%，女性为48.5%，男性比女性

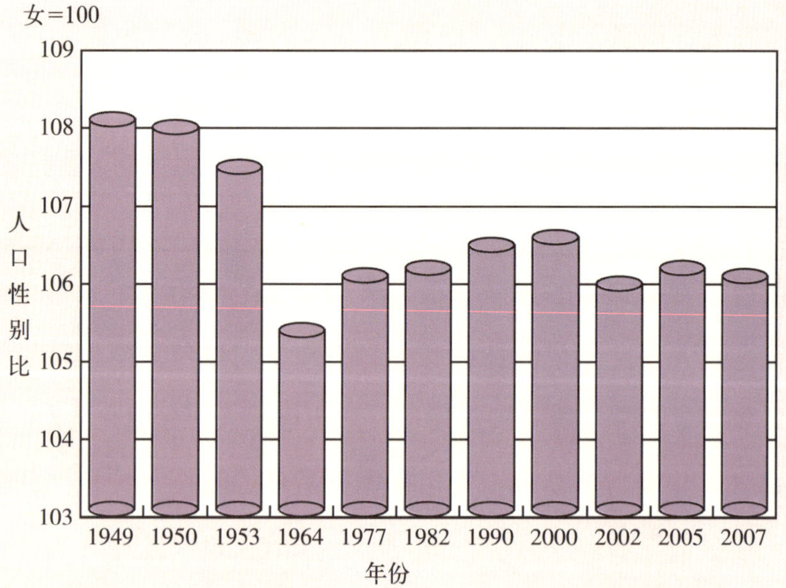

图2-1-1　改革开放30年以来我国人口性别比变化

资料来源：1949、1950、1977年数据来自《中国统计年鉴—1991》，国家统计局编，中国统计出版社，1991；2007年数据来自人口变动情况抽样调查；其他年份数据来自《2005中国人口》，国家统计局人口和就业统计司编，中国统计出版社，2006。

多3个百分点。可见，总体上看30年来我国人口男性和女性所占比重保持在正常范围内。

2.出生人口性别比持续升高，偏高势头依然强劲

在我国人口转变的过程中，随着生育水平的下降，出生人口性别比持续升高成为中国人口30年来最显著的结构性变化之一。国际社会一般认为，出生人口性别比的正常范围为103～107之间。但中国出生人口性别比从20世纪80年代初期开始偏离正常水平，而且持续上升。

1964年到1975年间，我国人口出生性别比处于正常范围内。1982年，出生人口性别比为108.5；1990年上升到111.1；2000年时，上升到116.9；2005年更是高达120.5；2007年，我国出生人口性别比依然高于120。从1982年到2007年，我国出生人口性别比上升了近12个百分点（见图2-1-2）。

出生性别比持续偏高问题已经引起了政府的高度重视，对出生性别比偏高的后果、成因、特征和出生性别比偏高的治理等问题的研究取得了丰硕的成果。近年来有关生育政策与出生性别比偏高的关系被纳入学者和专家的研究视野，研究结果也是见仁见智。研究发现我国出生人口性别比偏高

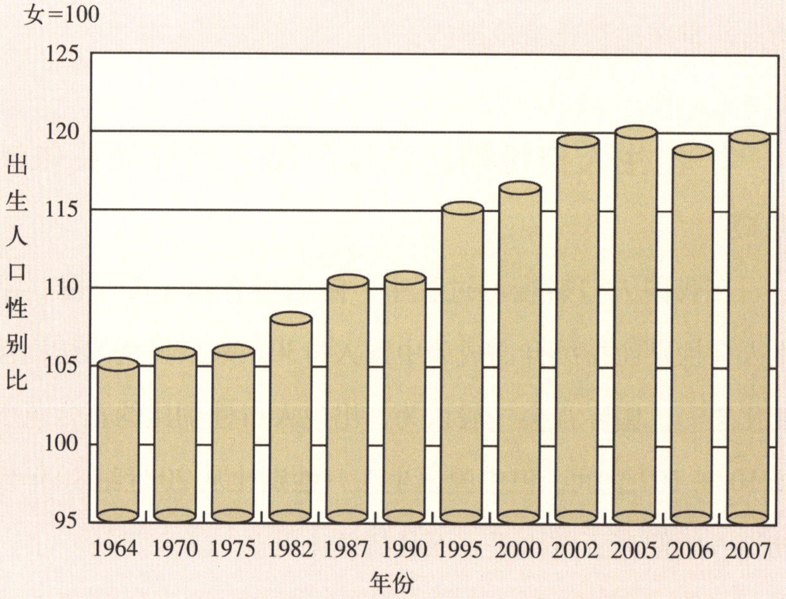

图2-1-2　我国改革开放以来出生人口性别比变化

资料来源：人口普查，1%人口抽样调查和人口变动抽样调查数据。

表现出农村出生人口性别比高于城市，流动人口出生性别比最高，出生性别比随孩次的增加而上升，出生性别比地区差异较大等特征。

出生性别比持续升高有着复杂的社会、经济和文化等等原因，针对出生性别比持续偏高问题国家已经采取了一系列措施，实施了一系列项目与工程，制定了相关政策和法律法规。但从目前的出生性别比持续偏高仍未得到有效遏制来看，如何有效地治理出生性别比持续偏高仍将是新时期面临的一项重大人口问题。

3.人口老龄化快速发展，“人口红利”为经济发展创造了有利条件

20世纪70年代开始，我国大力推行人口计划生育政策，人口出生率从1977年的18.93‰下降2007年的12.10‰，少年儿童人口占总人口比重开始逐年下降。同时，劳动年龄人口和老年人口比重开始不断上升。

我国0–14岁人口占总人口的比重从1982年的33.59%大幅下降到2007年的19.40%，25年间下降了42%。劳动年龄

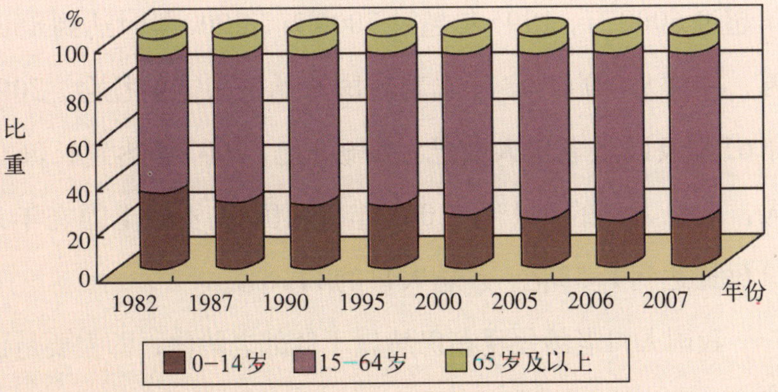

图2–1–3　1982年以来我国人口年龄结构变化

资料来源：1982年、1990年、2000年人口普查资料；2005年和2006年数据出自国家统计局人口和就业统计司编，《2005中国人口》和《2006中国人口》，中国统计出版社；2007年数据来自人口变动调查。

人口占总人口的比重从62.96%上升到72.50%，上升了15%。65岁及以上老年人口占总人口的比重从4.91%上升到8.10%，上升了65%（见图2－1－3）。可见，改革开放以来，我国人口年龄结构发生了质的变化，少年儿童比例大幅度下降、老年人口比例增长明显，人口类型完成了从成年型人口向老年型人口的转变。人口转变使我国劳动力进入最丰富的时期，为我国经济发展创造了优越条件，我国经济社会发展进入了一个黄金时期。人口的快速转变为我国经济增长创造了四十年左右的“人口红利”期。

人口年龄结构的快速转变加速了我国人口老龄化的步伐。1982年，我国65岁以上人口为5000万左右，1987年超过6000万，1995年超过7000万，2000年时达到8800万，占总人口的7%，标志着我国开始进入老龄社会。2005年65岁及以上老年人数已经突破1亿，2007年达到1.06亿人，占总人口的8.1%。2007年，我国60岁以上的老年人口数量达到1.53亿，占总人口的11.6%。

我国人口老龄化现在仍然属于低部老龄化，即主要是由于出生率的持续下降形成的，这是中国人口老龄化加速发展的根本原因。1982年到1990年，我国60岁及以上人口年均增长速度为3.04%，65岁以上人口为3.17%，1990年到2000年间，60岁以上和65岁以上人口年均增长速度为

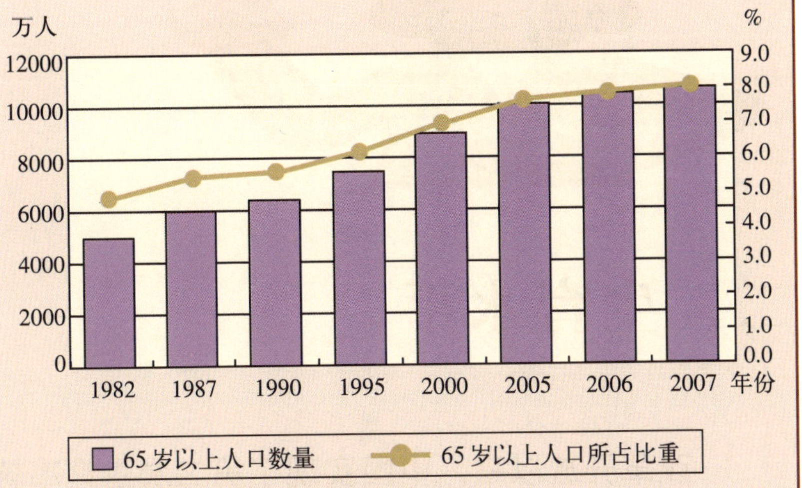

图2-1-4 我国改革开放以来人口老龄化状况

资料来源：历次人口普查资料，1%人口抽样调查资料；2005年和2006年数据出自国家统计局人口和就业统计司编，《2005中国人口》和《2006中国人口》，中国统计出版社；2007年数据来自人口变动调查。

2.97%和3.43%，而总人口的年均增长速度仅为1.89%。可见，我国人口老龄化发展速度比总人口的增长速度快，特别是65岁及以上人口。

二、生育水平

1. 改革开放以来，中国实现了第二次生育率转变

生育率转变是当代中国社会最深刻的革命性变化之一。在20世纪70年代初，中国妇女的总和生育率还高达近6个孩子，而如今已经低达1.6。这种历史性变化发生在经济落后、以农业人口为主的世界第一人口大国，具有极为重要的意义。它不仅极大丰富了世界人口转变理论与实践，而且对中国的改革开放和经济持续高速发展做出了重要贡献。

中国的生育率转变过程可以刻画为两次生育率转变。在改革开放之前，中国生育率在70年代发生了第一次转变；而改革开放以来，尤其是90年代以来，生育率发生了第二次转变。对于第一次转变，西方学者曾经这样描述：除了饥荒、瘟疫和战争期间外，在人类历史上还没有出现过像中国如此迅速的生育率下降（Freedman，1995)。1970年中国的总和生育率为5.8，仅仅7年时间，生育率就下降了一半，到1977年达到2.8。1980年中国的生育率接近更替水平。第二次生育率转变发生在90年代，生育率由80年代在更替水平以上波动，下降到更替水平以下，并且持续走低，2007年达到1.59(图2-2-1)。值得注意的是，对中国生育率的研究绝大多数是对第一次转变的研究，1982年人口普查和千分之一生育率调查、1988年生育节育调查、1990年人口普查为研究中国的生育率转变提供了详细、准确的数据；人口学家们利

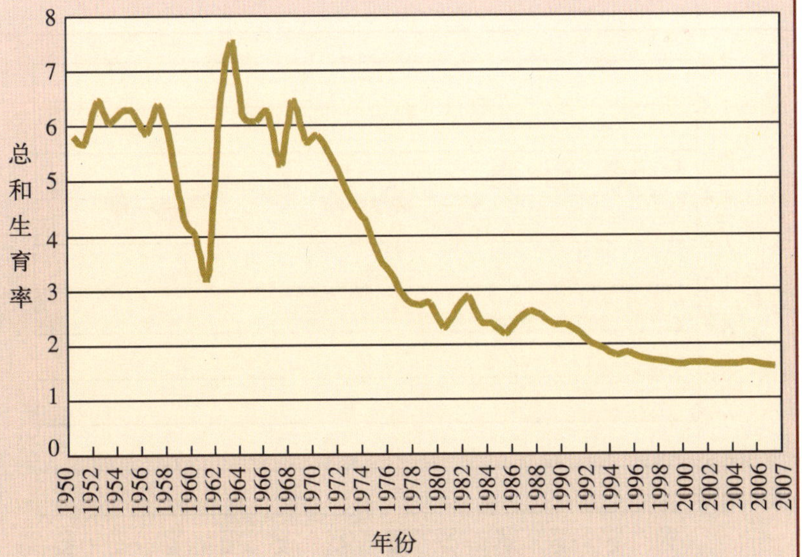

图2-2-1 中国的生育率转变

资料来源：国家统计局《2005中国人口》，中国统计出版社。1990年以来数据系作者估算。

用各种方法与模型对全国生育率转变进行了细致全面的考察，分析了生育率转变的决定因素，刻画了生育率转变的中国模式。然而，90年代以来，随着各种人口调查数据质量的下降，对中国第二次生育率转变的真实过程缺少了准确数据的支持，学者们在强调中国生育率已大大低于更替水平时，对生育率有多低无法达成一致意见。对第二次生育率转变的研究实际上集中在了对真实生育水平的估计。

1990年人口普查得到我国的总和生育率为2.31，而2000年人口普查的总和生育率低达1.22。尽管90年代我国生育率

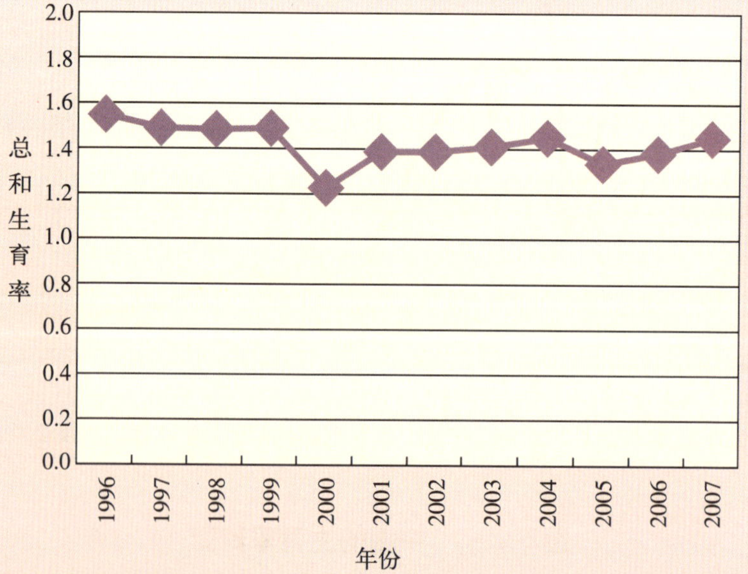

图2-2-2 1996-2007年我国生育率变化趋势（直接调查的结果）

资料来源：2000年为人口普查数据，2005年为1%人口抽样调查数据，其他年份都是历年人口变动抽样调查数据。

出现了进一步大幅度的下降，但是降到了2000年人口普查的结果是不可信的，因为它明显低于我国的政策生育率。于是不同学者根据2000年人口普查数据、普查的漏报情况以及其他数据，重新估计了2000年的生育率，估计结果显示我国的总和生育率为1.6–1.8（于学军，2002）。实际上90年代以来，国家统计局的历次调查都一致性的显示了很低的生育率。从近10年来的历次人口变动调查、2000年人口普查和2005年1%人口抽样调查的结果直接计算的生育率显示在图2–2–2中。2000年之前总和生育率基本上在1.5左右，2001年以来基本上维持在1.4的水平。

我们曾经以历年全国小学生在学人数数据为基础，利用队列分析、存活倒推和回归拟合等方法，重构了2000年人口普查低年龄组的年龄性别结构，估算出90年代我国总和生育率水平（翟振武、陈卫，2007）。结果显示，我国生育率自1992年达到并低于更替水平，并且持续走低，1999年达到1.69。由于至今为止的全国分年龄性别小学生数据，尚不能用来估算2000年以来的生育水平，所以我们通过人口预测模拟的方法，即从2000年出发模拟2000–2007年各年的总人口，使它们与国家统计局公布的总人口相同，这样就估计得到2000–2007年各年的总和生育率为1.59–1.66，结果显示在图2–2–3中。

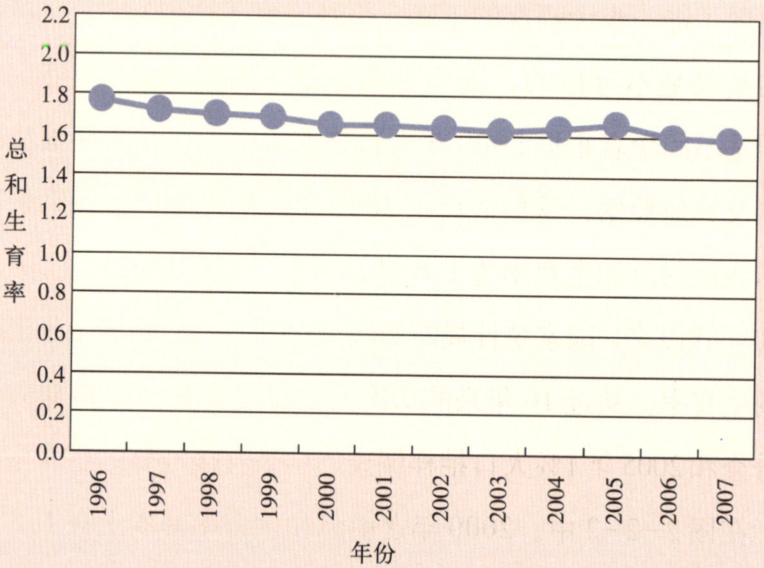

图2-2-3　1996-2007年我国生育率变化趋势(估计的结果)

资料来源：作者估计的结果(2000年之前的生育率是通过教育数据估计的结果，2000年及以后的生育率是通过人口预测模拟进行估计的结果)。

因此，上述结果将我国第二次生育率转变的具体过程显示了出来，1992年我国总和生育率达到2.05，开始低于更替水平，自此15年来生育率在持续下降，目前已经达到发达国家的平均水平。2000年以来我国处于稳定的低生育水平态势，并且正在接近国际上划分的很低生育率水平（总和生育率1.5及以下）。一个有趣的现象是第一次生育率转变的时间，我国要大大快于其他国家；而第二次生育率转变的时间，欧洲国家往往更快，亚洲国家包括中国、日本、韩国、新加坡所用时间明显长于欧洲国家。

我国的第二次生育率转变与第一次转变相比，社会经济发展起了更大的作用。有学者提出，如果中国生育率的迅速转变是在国家计划生育政策干预下启动的，那么在90年代生育率的下降应该主要是社会和经济发展的结果。我们利用中国各省的社会经济发展和计划生育数据，分别对1980、1990和2000年考察了省际生育率差异中社会经济发展和计划生育所起作用的相对大小（陈卫，2005）。结果显示，随着时间推移，社会经济发展对生育率差异的解释程度在增加，而计划生育的解释程度在下降。在三个时间上，社会经济发展和计划生育对生育率都有显著影响。然而，它们之间的关系是动态的。在1980年，计划生育的作用要比社会经济发展的作用大得多；这支持了70年代中国生育率下降主要是计划生育推行的结果的观点。然而，在1990年，这种关系达到了某种平衡，社会经济发展和计划生育的作用大小基本相同。80年代的经济改革起的作用越来越大，经济改革改变了社会结构，也削弱了一些计划生育机制。90年代发生了重大的社会经济转型和价值体系转变，生育率在经历了80年代的波动后，下降到了更替水平以下。社会经济发展和计划生育对生育率下降仍然都起着重要作用，但是2000年的结果表明，两者的平衡偏向了社会经济发展。显然，90年代以来生育率的持续下降，尤其是近年来生育率保持在低水平，主要是社会经济发展的结果。

2.生育率结构发生了深刻改变

生育率转变的另一个重要侧面是生育率结构的变化，反映在生育率的年龄模式、孩次分布、性别结构等方面。与生育水平的变化一样，中国生育率结构的转变既反映了生育率变化的一般规律，又表现出鲜明的中国特色。

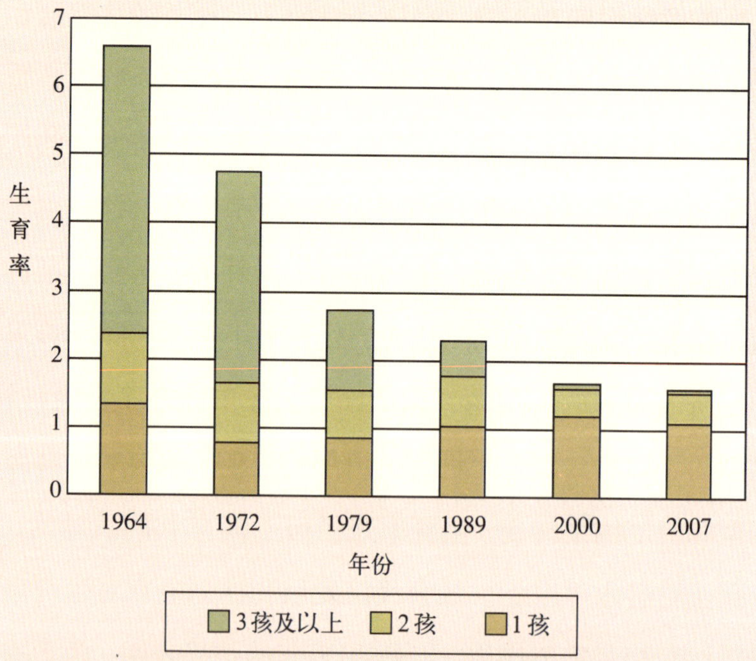

图2-2-4 中国生育率孩次模式的变化

资料来源：姚新武、尹华，《中国常用人口数据集》，北京，中国人口出版社，1994；2000年人口普查和2007年人口变动调查。

生育率转变首先表现在高孩次生育率的下降。图2-2-4显示了我国分孩次生育率的下降过程。很明显，多孩生育率的下降是导致我国生育率下降的主导因素。1972年多孩总和生育率高达3以上，1989年下降到0.5，而到2007年仅为0.05。从1972年到2007年，二孩总和生育率也下降了一半，而一孩总和生育率则有轻微提高。因而，在第一次生育率转变过程中，多孩生育率占总和生育率的比重从三分之一下降到四分之一，一孩生育率由占不到五分之一上升到占接近一半。第二次生育率转变过程中，多孩生育率比重继续大幅度下降，到2007年仅占3%，而一孩生育率比重上升到近70%。

我国生育率孩次结构转变在生育率年龄模式上的反映就是在70年代较高年龄妇女的生育率的大幅度下降，然后是较低年龄的生育率的下降；而90年代生育率年龄模式的进一步转变表现在较低年龄，尤其是峰值年龄的生育率下降（图2-2-5）。表2-2-1显示，生育率转变之前，我国妇女生育年龄四分位数分别为24岁和34岁，四分位距为10年。这是典型的高生育率特征。70年代生育率的迅速下降，使得四分位距缩短到6.4年。此后，生育年龄四分位距进一步缩短，2000年仅为5年。2007年生育年龄四分位数分别为23.5岁和30.5岁，四分位距又延长至7年。近年来生育率保持稳定的低水平，生育年龄的四分位距逐渐延

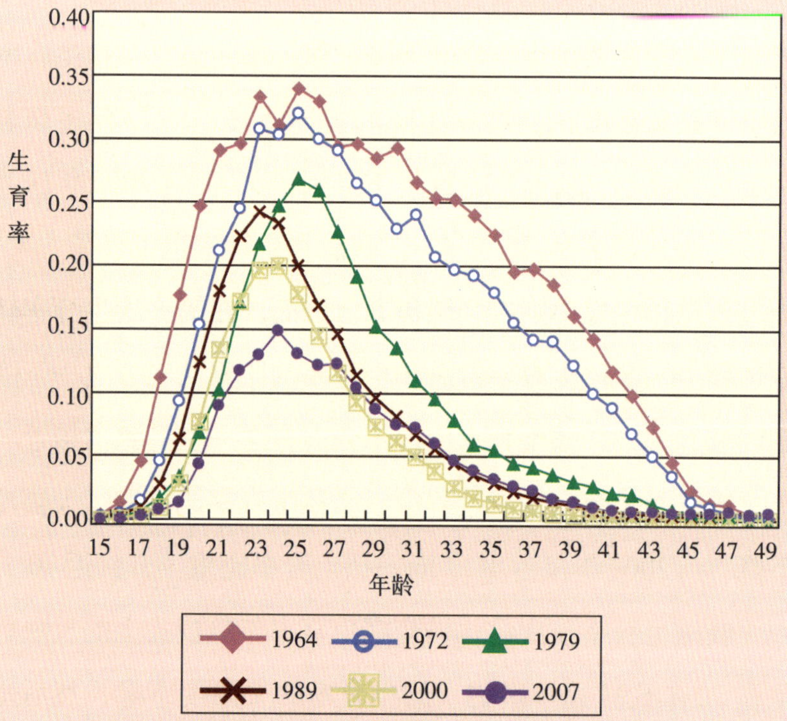

图2-2-5 中国生育率年龄模式的变化

资料来源：姚新武、尹华，《中国常用人口数据集》，北京，中国人口出版社，1994；2000年人口普查和2007年人口变动调查。

表2-2-1 中国生育率年龄分布的四分位数

类 别	1964	1972	1979	1989	2000	2007
第一四分位数	23.59	24.06	23.78	22.18	22.46	23.47
第三四分位数	34.31	33.82	30.22	28.06	27.47	30.51
四分位距	10.72	9.76	6.44	5.88	5.01	7.04

资料来源：根据图2-2-5中的数据计算。

长，这是生育率年龄结构老龄化的表现。2000－2007年，30岁及以上累计生育率占总和生育率的比重上升了一倍，由15%增至30%。这是目前我国生育率结构变化的一个重要特征，是我国妇女生育年龄推迟、双独和单独家庭生育二孩增多的结果。

中国生育率结构转变的一个受到广泛和高度关注的特征是生育的性别结构变化，就是自80年代中期以来出生性别比持续地升高、偏高趋势。20多年来，我国出生性别比不断攀升、严重偏高，并在时间和空间上都表现得越来越强烈，这是任何一个人口大国的发展历程中前所未有的。我国出生性别比升高、偏高趋势是第二次生育率转变的一个重要特征，是伴随着生育率下降到更替水平及以下并且持续走低而出现的。

出生性别比的正常范围一般是103－107，而中国的出生性别比在升高之前就一直处于正常范围的上限值。20世纪80年代中期，我国的出生性别比开始升高、偏高，从1982年的107.6上升到1990年的111.3，2000年的116.9，以及2007年的120.2，大大超出正常范围的上限值（图2－2－6）。在早期，出生性别比升高、偏高主要发生在农村，90年代以来，城市地区的出生性别比也出现升高、偏高趋势。研究表明，农村户籍人口、城市户籍人口和流动人口的出生

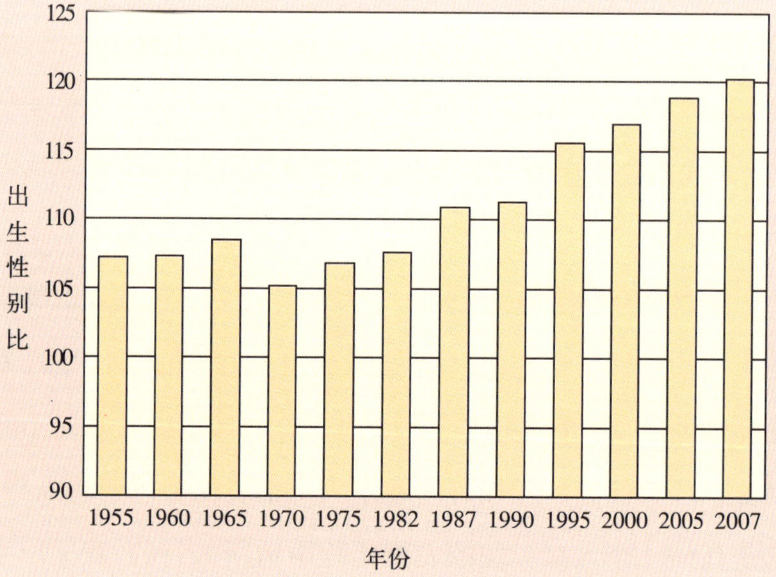

图2-2-6 全国出生性别比

资料来源：1955—1975年数据来自全国千分之二生育节育抽样调查，1982年及以后数据来自国家统计局历次人口普查、1%人口抽样调查和人口变动调查。

性别比都普遍偏高，但是流动人口的出生性别比最高。受教育程度越高的人群，出生性别比也越高。

20多年来，我国出生性别比偏高局面由沿海地区扩散到中、西部地区，形成全国蔓延之势。2000年人口普查各省、自治区和直辖市的出生性别比除西藏和新疆外，都高出正常范围。而2005年仅有西藏的出生性别比处于正常。我国出生人口性别比总体上已处于严重失衡状态，在地理分布上，由北向南连成一片，华南和华东地区出生性别比偏高最为严重。

我国出生性别比升高的另一个特点是不同孩次出生性别比差异很大，主要表现为第二及以上孩次的出生性别比的严重升高、偏高，而且孩次越高，出生婴儿性别比越偏高。2005年1%人口抽样调查的结果表明，以往始终正常的第一孩出生性别比，也开始趋于偏高。正是由于对生育第一孩的性别的选择，才促使出生性别比的进一步升高和生育率的进一步下降。

中国传统文化中的“性别偏好”根深蒂固，这是生育性别选择的根本原因。但是性别选择技术的可得性却是直接的原因，同时女婴的漏报也是一个重要的因素。研究表明90年代出生性别比偏高部分中，女婴漏报占接近一半的比例，也就是说实际的出生性别比没有调查结果那么高。近年来在生育率继续下降的条件下，出生性别比在高位运行中的进一步升高，无疑是性别选择性流产起了主导作用。

3.城市地区：中国的极低生育率

近年来，国际社会和西方学者对极低生育率（总和生育率为1.3或以下）给予了很大关注与研究。90年代以来，极低生育率在欧洲出现并扩散。进入本世纪，极低生育率也出现在东亚一些国家和地区。如果维持极低生育率，则意味着子女一代人数将比父母一代减少60%，而第四代人数将减少到仅相当于第一代人数的15%。显然，极低生育率具有严重的人口和社会经济后果。

然而，很低和极低生育率在中国的城市地区尤其是大城市，已有20多年了。根据历次生育率调查数据，我国城市地区在1974年总和生育率下降到更替水平以下，1979年降到1.5以下，1984年以来（除了1989—1990年）降到了1.3或以下（图2-2-7）。可以说，世界上的极低生育率最早发生在中

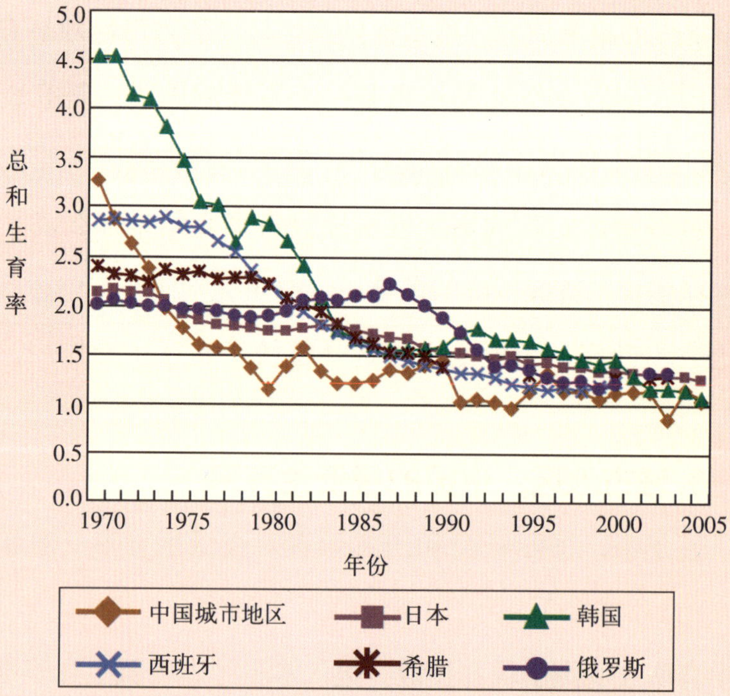

图2-2-7　中国与若干国家的总和生育率

资料来源：United Nations (2003 and 1992), Council of Europe (2004), Jones (2007).

国的城市地区，而中国的城市人口超过了世界上除印度以外的所有其他国家的城市人口。对于中国的大城市上海、北京，不仅很早就达到了极低生育率，而且和香港、澳门一起成为世界上生育率最低的地区。上海在1974年、北京在1990年达到极低生育率，2000年以来总和生育率降到了1以下。

图2–2–7显示，在过去30多年，西方和东亚一些国家实现了从更替水平生育率到极低生育率的转变。与其他极低生育率国家相比，中国城市地区从更替水平生育率到极低生育率的转变更为迅速。表2–2–2显示，中国城市地区的这一转变仅用了10年时间，西班牙与中国类似，其他国家明显较长。根据2005年全国1%人口抽样调查，我国城市地

表2–2–2　从更替水平生育率到极低生育率的转变时间：中国与若干国家的对比

国　家	达到更替水平年份	达到极低生育率年份	所用时间(年)
中国城市地区	1974	1984	10
西班牙	1980	1993	13
意大利	1975	1992	17
德　国	1970	2002	32
俄罗斯	1965	1996	31
韩　国	1983	2001	18
日　本	1957	2003	46

资料来源：根据图2–2–7中的数据计算。

区的总和生育率已低达1.04，在世界上极低生育率国家中只有韩国类似，韩国2005年的总和生育率为1.08。而上海、北京的总和生育率只有0.7左右。对于一个规模足够大的人口来说，总和生育率为0.7–0.8可能是最低极限值（Antonio Golini，1998）。

“婚姻危机”是西方和东亚国家极低生育率体系的一个显著特征。人们越来越推迟结婚、终身不婚的比例越来越高。然而，中国城市地区极低生育率体系中没有表现出明显的这种趋势。2005年全国1%人口抽样调查显示，中国城市地区妇女的平均初婚年龄为24.26岁，35岁及以上妇女未婚比例低于1%。中国城市地区与其他极低生育率国家或地区相比，年轻人的未婚比例也低得多。25–34岁人口的未婚比例，意大利、西班牙、德国都高达50%以上，日本、韩国、新加坡也高达40%左右（Jones，2007）。即使是上海和北京，这一年龄段的未婚比例分别为24%和20%，也仍然大大低于它们。

反映结婚水平的总和初婚率，中国城市地区也和西方国家形成鲜明对照。近20年来，中国城市地区妇女的总和初婚率在0.8–1.1之间波动，绝大多数年份在0.9以上，而根据2005年1%人口抽样调查计算的2004年妇女总和初婚率达到1.04。然而，西方国家尤其是极低生育率国家，总和初婚率经历了大幅度下降。例如，西班牙妇女的总和初婚率从1970年的1.01下降到2000年的0.61；意大利妇女的总和初婚率从1970年的1.01下降到1999年的0.62；德国妇女的总和初婚率从1970年的0.98下降到1999年的0.58；而一些东欧国家的妇女2000年的总和初婚率更低达0.4—0.5（United Nations 2003）。

显然，中国城市地区极低生育率，有着与西方国家不同的性质与影响机制。除了城市地区长期以来的一孩政策之外，城市地区的经济发展、生活方式变化、妇女的受教育程度提高、职业结构的改变，以及城市地区的婚姻市场变化、生活和工作的风险等，都促使人们推迟婚育和少生孩子。在中国城市地区，生育率下降的数量效应极为明显，而进度效应相对较弱；西方极低生育率国家中两种效应均较为明显。一些极低生育率的欧洲国家已经出现人口负增长和严重的人口老龄化。与欧洲国家不同，中国城市地区的生育率长期处于极低生育率，但是总人口还在不断以较快的速度增长，主要是由于人口迁移流动的影响。

三、死亡状况

1.30年来我国粗死亡率持续稳定处于低水平

在建国之初，我国人口粗死亡率曾高达20‰，1965年降到10‰以下，1977年降到7‰以下。自此以后的30年，我国人口粗死亡率一直稳定在6‰—7‰之间。仔细考察30年来的变化，粗死亡率在20世纪70年代末继续下降，80年代初出现回升，80年代中期至本世纪初在平稳变化之中呈现下降趋势，而最近5年来又出现回升（图2—3—1）。尽管缺少详细的数据用来考察这些变化背后的因素，但是这些阶段性的变化应该与生育水平和年龄结构的波动与变化有关。一个肯定的结论是，30年来我国人口死亡水平在持续下降，但是由于人口年龄结构的老龄化趋势，粗死亡率的下降被部分抵消了，而近5年来老龄化的加快发展超过了死亡水平下降的作用，导致粗死亡率逐步回升。我国人口粗死亡率由2003年的6.40‰上升到2007年的6.93‰，很可能在2008年回升到7‰

以上，从而结束稳定在6‰－7‰之间的低水平时代。

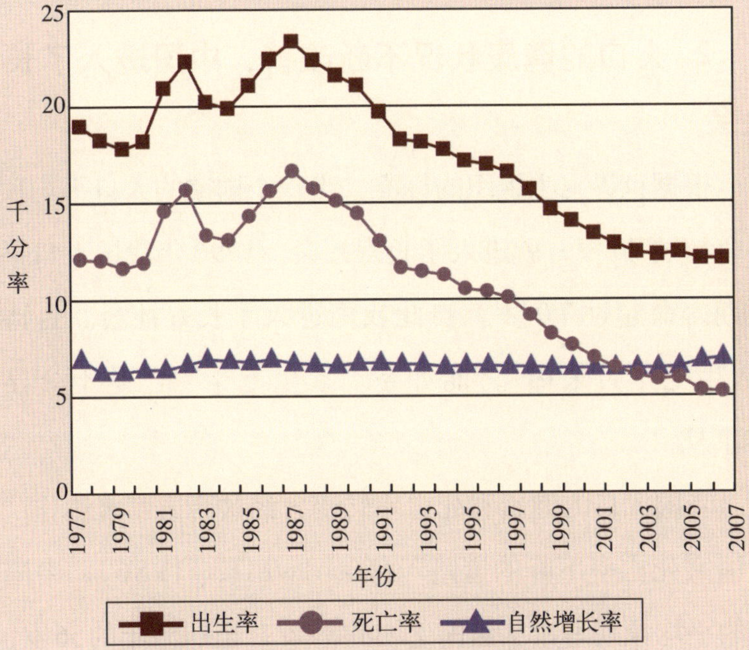

图2-3-1 中国人口粗死亡率变化

资料来源：国家统计局，2006中国人口，中国统计出版社；2007年人口变动调查。

由于粗死亡率稳定在低水平，而粗出生率在持续下降，因而长期以来我国的自然增长率的下降趋势基本上是由出生率下降带来的结果（图2－3－1）。近年来这种情况发生了改变。一方面，我国已经进入第四次出生高峰，粗出生率下降趋势趋缓甚至停滞；另一方面，由于人口老龄化的影响，粗死亡率出现回升。粗死亡率的变化主导了自然增长率的不断下降。图2－3－1显示，2003年粗死亡率开始超过自然增长率，粗死亡率的上升带来了自然增长率的下降。

2. 人口的健康状况不断改善，中国进入了长寿社会

根据世界卫生组织的标准，当一个国家的人口平均预期寿命超过70岁，就进入了长寿社会。1996年我国人口平均预期寿命超过70岁，自此我国进入了长寿社会。古诗云“人生七十古来稀”，而如今“人生七十”已是十分寻常的事实了。

我国人口的健康和死亡率转变曾经被西方学者称作“贫穷国家死亡率下降的道路”（Caldwell，1986）。中国人口的平均预期寿命从建国之初的35岁升至1957年的56岁，70年代早期的64岁和1981年的68岁（黄荣清、刘琰，1994）。由于这些数字很可能低估了实际的死亡率，因为在死亡登记中存在着普遍的漏报，所以许多学者对于死亡率作出了不同的估计。Banister（1987）的估计结果表明人口的平均预期寿命在1957年为50岁，1970年60岁，1981年65岁，明显地低于原来的未调整的数据。然而，即使依照这些较低的估算，在这一时期中国仍然取得了巨大的成功：30年中人口的平均预期寿命以每十年十岁的速度不断提高。这种提高不仅明显快于西方国家历史上的死亡率下降，同时也超过了日本、我国

台湾省和韩国，它们用了40多年的时间完成了相同幅度的死亡率下降。

50-70年代我国死亡率的迅速转变是我国的社会变革和社会政策的结果。一方面，和战后其他发展中国家类似，得益于有效的现代医疗卫生技术，包括现代疾病控制措施、抗生素、免疫等；另一方面，土地革命、粮食调运、助产士培训、城市公费医疗、农村合作医疗、扫除文盲和普及基础教育、消除性别不平等以及爱国卫生运动等促进了死亡率的大幅度下降。例如，婴儿死亡率由50年代初的150‰下降到1970年的80‰和1980年的50‰（Banister，2007），平均预期寿命则在50年代提高了近20岁，60-70年代提高了约10岁。

改革开放以来，随着经济高速发展和医疗条件的显著改善，我国死亡率保持着持续下降趋势。尽管自70年代后期，我国的社会经济改革使中国的社会保障和医疗卫生服务体系发生了巨大的变化。一些变化，如许多农村地区的合作医疗体系的瓦解，使公共卫生的进一步改善遇到了困难。收入分配上日益的不平等也使得在贫困地区和社会弱势群体中死亡率的降低很难实现。即便如此，中国的死亡率在继续下降，尽管这种进步与过去几十年相比要缓慢许多。不像一些东欧国家，在转型时期死亡率出现停滞甚至上升。

从不同来源的统计资料看，中国又成功地使平均预期寿命延长了4-7岁。我国人口的平均预期寿命2000年达到71岁，2005年达到73岁（男性和女性都超过70岁）。我国婴儿死亡率也进一步下降到2000年的32‰和2007年的15‰。

改革开放以来我国死亡水平持续下降的原因归结于社会经济发展带来的重大变化。至少有五方面的变化促进了死亡率的下降。第一，经济高速发展，人民生活水平大幅度提高；第二，城市化迅速推进，先进的医疗服务体系覆盖越来越广大的人群；第三，贫困人口大幅度减少，即使是贫穷、弱势群体也有较大幅度的收入和生活水平的提高；第四，全民受教育程度的大幅度提高，促进了卫生和健康知识的普及与提高；第五，我国的计划生育，推行少生优生，控制生育间隔，有利于降低育龄妇女死亡率、产妇死亡率和婴幼儿死亡率。另外，近年来免除农业税和免费义务教育的推行，将对农村人口，尤其是贫困地区的生活水平的提高起到积极作用，有利于未来健康水平的提高。

3.死亡率结构发生了根本改变

死亡率转变必然伴随着死因结构的变化；同时，死亡率的年龄性别模式也会发生变化。根据流行病转变理论，死亡率转变伴随着主要死因从传染性疾病向慢性退行性疾病的转变，即死于传染病和寄生虫病的比例下降而死于恶性肿瘤和循环系统疾病的比例上升。这种转变导致儿童和妇女生存概率的提高，导致死亡率年龄性别结构发生变化，也带来人口结构和人口再生产模式的变化。

死因转变是死亡率转变的一个主要原因和重要特征。中国的死因转变符合流行病转变趋势，并已接近发达国家的模式。表2-3-1显示了过去50年来我国死因模式的转变。在1957年，城市地区最主要的五种死因分别为呼吸系统疾病、传染性疾病、呼吸道结核、消化系统疾病以及心脏病，这些疾病导致的死亡占了50%，其中呼吸系统疾病一项造成的死亡比例就达到17%，而各种传染病造成的死亡比例达到15%以上。到1975年，城市地区的死因模式有了很大改变，70%的死亡归因于脑血管病、心脏病、恶性肿瘤、呼吸系统疾病四类疾病，死因模式基本上已经转变为慢性退行性疾病为主。改革开放以来，随着经济发展和生活方式的改变，慢性病导致的死亡比例进一步上升，自1980年以来超过80%死亡的原因来自恶性肿瘤、脑血管疾病、心脏病、呼吸系统疾病以及损伤和中毒。尤为明显的是恶性肿瘤死亡比例不断上升，2000年以来超过四分之一，成为第一位死因。相应地，传染性疾病、呼吸道结核和消化系统疾病导致死亡的比例显著下降。

表2-3-1 中国人口死因构成

死亡原因	1957	1963	1975	1980	1985	1990	1995	2000	2006
	城市地区								
恶性肿瘤	5.2	8.6	18.8	19.6	20.3	21.9	21.9	24.4	27.3
脑血管病	5.5	6.9	21.6	23.4	21	20.8	22.2	21.3	17.1
心脏病	6.6	6.7	19.5	22.9	23.4	15.8	15.3	17.7	17.7
呼吸系统疾病	16.9	12	10.8	9	9.1	15.8	15.7	13.3	13.1
损伤和中毒	2.7	3	4	5	5.8	6.9	6.9	5.9	6.1
消化系统疾病	7.3	5.8	4.9	3.9	4.2	4	3.3	3.1	2.9
泌尿、生殖系统疾病			2	1.6	1.6	1.6	1.6	1.5	1.4
神经系统疾病	4.1	2.6					0.9	0.9	0.9
呼吸道结核	7.5	6.8	3.6	2.1	1.8	1.2		0.5	0.4
传染病(不含呼吸道结核)	7.9	4	2.2	1.5	1.4	1.7		0.7	0.8
合　计	63.7	56.4	87.4	88.9	88.6	89.7	87.8	89.3	87.7
	农村地区								
恶性肿瘤			17.5	14.7	15.2	17.5	17.3	18.3	25.1
脑血管病			13.5	17.1	15.6	16.2	16.7	18.7	20.4
心脏病			18	25.8	25.5	10.8	9.6	11.9	13.9
呼吸系统疾病			12.9	12	12.3	24.8	26.2	23.1	16.4
损伤和中毒			3.6	2.8	7.2	10.7	11.3	10.6	8.9
消化系统疾病			6.8	5.3	5.5	5	4.7	3.9	3.3
泌尿、生殖系统疾病			1.5	1.4		1.5	1.3	1.5	1.3
神经系统疾病								0.5	0.8
呼吸道结核			4.8	3.2	3.7	1.9	1.6	1.2	0.5
传染病(不含呼吸道结核)			3.5	2.8	2.1	1.8	1.3	0.8	0.7
合　计			82.1	85.1	87.1	90.2	90	90.5	91.3

资料来源：Zhao Zhongwei. 2007. Changing Mortality Patterns and Causes of Death, in Z. Zhao and F. Guo (eds.), Transition and Challenge: China's Population at the Beginning of the 21st Century. Oxford: Oxford University Press；卫生部．中国卫生统计年鉴，2006年．

注：90年代呼吸系统疾病的死亡比例大幅度上升而心脏病的死亡比例显著下降，主要是对某些疾病重新分类的结果。许多慢性肺心病死亡更准确地被重新划分为慢性梗阻性肺病死亡。以前年份的数据没有作类似的调整。

虽然得不到70年代之前农村地区的死因资料，但是通过70年代以来的死因变化数据，可以认为，中国广大农村地区与城市地区的死因转变过程类似。到20世纪末，农村人口主要的五种死因与城市地区相同，尽管它们的影响程度和排列位次不尽不同。在农村地区，由呼吸系统疾病、意外伤害和中毒导致死亡的比例相对较高，而恶性肿瘤、脑血管疾病和心脏病导致死亡的比例相对较低。2000年以来最显著的变化是恶性肿瘤的死亡比例大幅度上升，到2006年其比例达到四分之一。

显然，我国的死因模式经历了快速转变，目前已经与发达国家类似。死因模式转变导致的死亡率下降对不同年龄人口产生不同的影响。在流行病和死亡率转变过程中，不同年龄的死亡率将出现不同程度的下降，并出现死亡率的年龄模式由在高死亡率条件下的U形，转变为在低死亡率条件下的J形。这主要是由于在各年龄死亡率下降过程中，婴幼儿死亡率下降更快。发达国家已经完成了死亡率转变，死亡模式呈现J形；许多发展中国家处于死亡率转变过程中，死亡模式有的还是U形，有的在从U形向J形转变之中，还有一些国家已经基本转变为J形。中国死亡率的年龄模式也经历了这一转变，目前的死亡模式已呈现出典型的J形模式（图2－3－2）。

图2-3-2显示，我国死亡率年龄模式从50-70年代经历了重大的转变，各年龄组死亡率都经历了大幅度下降，而婴儿和儿童死亡率下降最为显著。老年死亡率也有明显下降。80年代以来，死亡率下降减缓，但是婴幼儿死亡率和老年死亡率依然有明显下降。随着死亡年龄模式的转变和人口老龄化进程，死亡人口分布将越来越集中于老年人口。

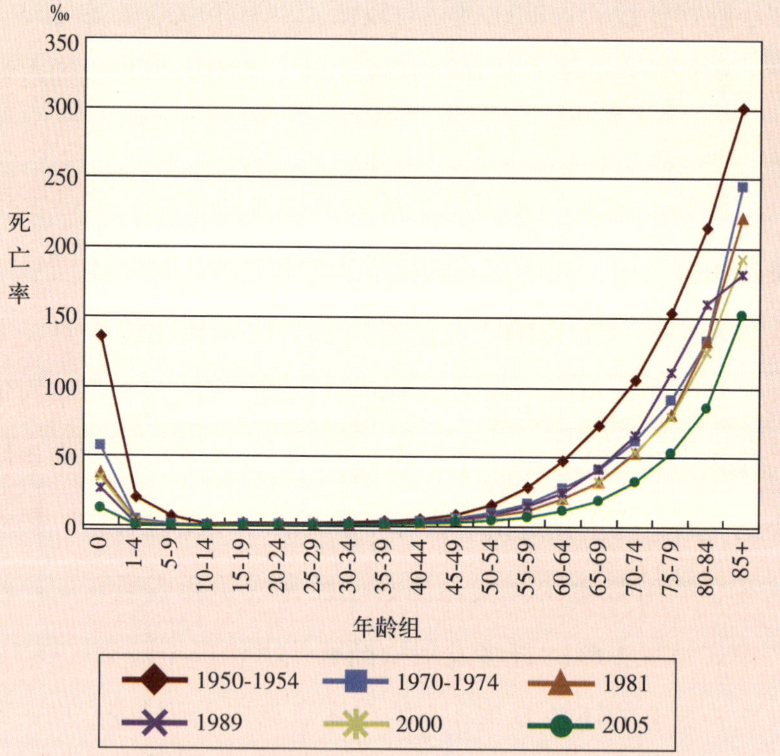

图2-3-2 中国人口分年龄死亡率变化

资料来源：阎瑞、陈胜利，四十年来中国人口分年龄死亡率与寿命的研究，《中国生育节育抽样调查北京国际研讨会论文集》，北京：中国人口出版社；1982、1990、2000年人口普查资料；2005年1%人口抽样调查资料。

在死亡率转变过程中，死亡率的性别模式将经历由在高死亡率条件下女性死亡率高于或接近于男性死亡率向女性死亡率低于男性死亡率的转变；并且随着健康与预期寿命的不断提高，两性死亡率差异呈现扩大趋势。中国历史上女性死亡率较高与女婴死亡率和孕产妇死亡率较高有关，而50年代以来中国的社会变化、经济发展和医疗卫生条件的改善，使女性存活和健康改善受到了更有利的影响。同时，一些行为和职业因素对男性死亡率下降有着不利的影响。表2-3-2显示，我国男性和女性的平均预期寿命都得到显著提高的同时，平均预期寿命的性别差异不断扩大。80年代之前两性平均预期寿命几乎是在同步提高，1981年与50年代

表2-3-2　中国人口平均预期寿命

年　份	合　计	男　性	女　性	女性－男性
1950-1954	48.00	46.70	49.20	2.50
1970-1974	64.10	63.20	65.20	2.00
1981	67.81	66.40	69.25	2.85
1989	68.55	66.84	70.47	3.63
2000	71.40	69.63	73.33	3.70
2005	72.58	70.72	74.45	3.73

资料来源：阎瑞、陈胜利．四十年来中国人口分年龄死亡率与寿命的研究，《中国生育节育抽样调查北京国际研讨会论文集》，北京：中国人口出版社；1982、1990、2000年人口普查资料；2005年1%人口抽样调查资料。

初相比都提高了20岁左右。80年代以来，女性平均预期寿命提高幅度大于男性，到2005年，男性提高了4.3岁，女性提高了5.2岁，因而两性的差距由1982年的不到3岁扩大到2005年的3.7岁。

女性死亡率几乎在各个年龄上也都低于男性死亡率。为了便于分析，我们计算了分年龄死亡率性别比（男性死亡率与女性死亡率之比）。自然地，分年龄死亡率性别比应该大于1，并且按照国际经验应在1.1–1.8之间波动。图2–3–3显示了50年来我国分年龄死亡率性别比的变化过程，基本上符合国际经验，但也有一些重要的差异。首先，我国分年龄死亡率性别比经历了显著的上升，几乎由一条平直的线，变成为倒U形的曲线。这显然反映了女性死亡率的更快下降，两性死亡率差异的扩大。50年代初，分年龄死亡率性别比在0.8–1.2之间，1981年在1–1.4之间，而2005年上升到1.2–2.4（5岁以下死亡率除外）。其次，与其他国家明显不同的是，我国的婴幼儿死亡率性别比出现了明显的下降。50年代初到80年代初，0岁死亡率性别比基本保持在1.1，而1981年以来降到0.7–0.8，女婴死亡率大大高于男婴死亡率。同时，1–4岁死亡率性别比自60年代以来就低于1，但是存在着提高的趋势。我国儿童死亡率性别比偏低说明一些人群中存在对女婴幼儿和女童的溺弃、虐待和忽视，导致女童死亡率过高，这是导致我国出生婴儿和儿童性别比失常的重要因素之一。最后，2005年的死亡率性别比在20－44岁年龄段上过高，都高达200以上，也就是说这些年龄的男性死亡率是女性的2倍以上。这种特征可能与这一年龄段人口的流动、从事的职业等的性别差异有关。

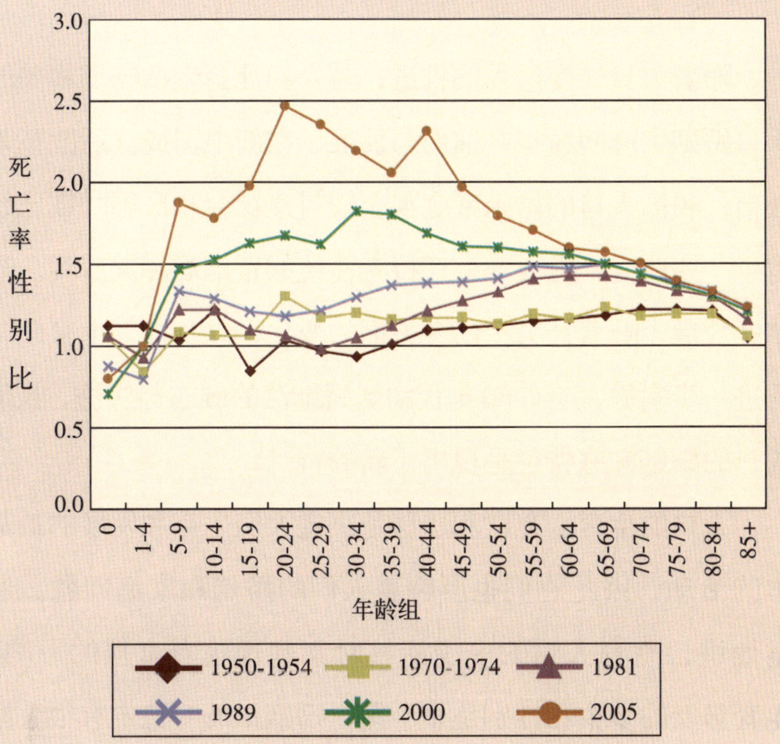

图2-3-3　中国人口分年龄死亡率性别比

资料来源：阎瑞、陈胜利．四十年来中国人口分年龄死亡率与寿命的研究，《中国生育节育抽样调查北京国际研讨会论文集》，北京：中国人口出版社；1982、1990、2000年人口普查资料；2005年1%人口抽样调查资料。

四、婚姻家庭

随着人口转变进程的推进，与人们社会生活密切相关的人口婚姻家庭问题也在演变与发展。在新中国成立后改革开放前，我国人口的婚姻家庭观念较封建社会和民国时期已经有了一些改变，但大部分还持有传统的婚姻观和家庭观。改革开放后，随着社会生活各方面的变化，以及计划生育政策的进一步实施，还有80年代初新婚姻法的颁布与实施，我国人口的婚姻家庭特征呈现出了新的特点。

人口的生育、死亡和迁移是决定人们生存和发展的最基本的活动，因此它们也影响着人们的婚姻和家庭问题。通俗地讲，生育人口的多少能够对家庭规模有直接的影响，生育男女的多少和性别是否平衡对婚姻市场的稳定有很大影响；死亡能够直接改变家庭的结构，改变婚姻状态；从各地迁入的男女可能因为迁移而相识并建立婚姻关系组成家庭。可见，许多婚姻家庭问题是受到人口生育、死亡和迁移的变化影响的，其中有一些问题在改革开放和社会发展中逐步显现并日益突出，十分值得我们关注。

1.平均初婚年龄呈上升趋势；未婚、丧偶比例下降；有偶、离婚比例上升

改革开放后，我国人口平均初婚年龄在20世纪80年代中期有小幅下降；此后，男女平均初婚年龄一直增加；现

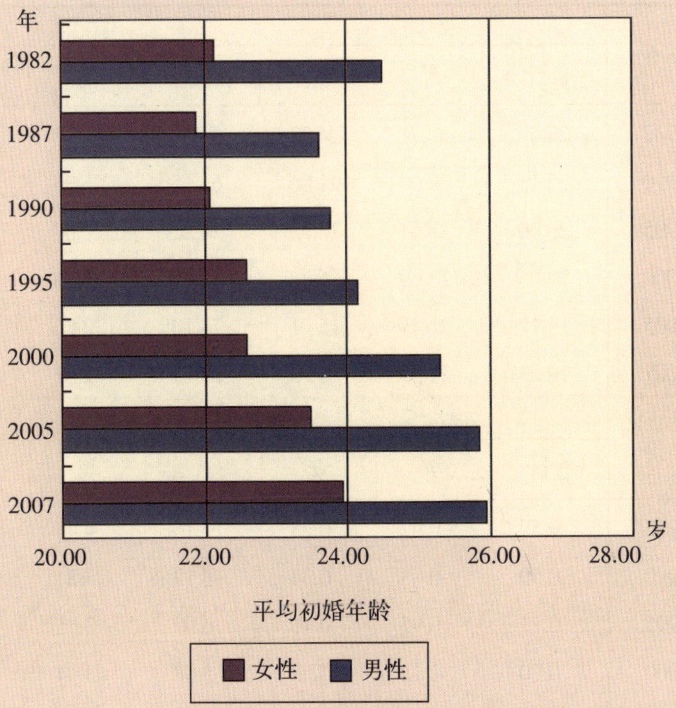

图2-4-1 部分年份我国男女平均初婚年龄变化

资料来源：1982、1990和2000年人口普查；1995年和2005年1%人口抽样调查资料；2007年全国人口变动抽样调查资料。

今，男性平均初婚年龄接近26岁，女性接近24岁（图2-4-1）。关于20世纪80年代中期平均初婚年龄下降的原因，最普遍的说法是之前晚婚对男性未婚人口的挤压和新婚姻法的公布对法定婚龄明确规定的影响。总的来说，我国人口

表2-4-1　全国15岁及以上人口分性别婚姻状况

单位：%

年份	未婚			有配偶		
	合计	男	女	合计	男	女
1982	28.57	32.71	24.22	63.68	61.93	65.52
1990	25.13	29.00	21.06	68.15	66.36	70.04
1995	20.00	23.61	16.35	73.22	71.68	74.78
2000	20.25	23.69	16.72	73.27	71.75	74.82
2005	19.17	22.47	15.91	74.10	72.80	75.39
2007	19.23	22.35	16.13	73.79	72.62	74.92
年份	离婚			丧偶		
	合计	男	女	合计	男	女
1982	0.59	0.92	0.25	7.16	4.45	10.00
1990	0.59	0.83	0.34	6.12	3.81	8.56
1995	0.71	0.95	0.46	6.07	3.75	8.41
2000	0.90	1.12	0.68	5.58	3.44	7.78
2005	0.99	1.20	0.79	5.74	3.53	7.91
2007	1.10	1.34	0.85	5.88	3.68	8.08

资料来源：1982、1990和2000年人口普查；1995年和2005年1%人口抽样调查资料；2007年全国人口变动抽样调查资料。

平均初婚年龄的总趋势是提高的，这体现了我国经济、社会与文化的影响和人们婚姻观念的转变。

1982 年以来，我国人口未婚和丧偶比例有所下降，而有配偶和离婚比例有所上升（表2－4－1）。未婚比例和有配偶比例的变化是受到我国人口年龄结构影响的，低龄人口的减少，使得未婚人口比例不断下降，而有配偶人口比例不断上升。离婚比例的提高，体现了我国人民对离婚看法的转变，在社会生活各方面的影响下，离婚现象不断增多；然而，我国离婚水平还比较低，我国婚姻仍然较为稳定。丧偶比例的下降受到死亡率变化的影响，随着人口预期寿命的提高和死亡率的降低，以及再婚事件的增多，我国丧偶人口比例的总趋势是下降的，但由于人口总数的增长，丧偶人口的绝对数量依然值得关注。

2.婚配年龄男女比例失调，婚姻挤压现象将逐渐严重

婚姻挤压是指婚龄男性人口或女性人口无法找到配偶的一种婚配困难现象。计划生育政策的实行使部分存在明显生育男孩偏好的育龄夫妇将对于生育数量的需求不得已转化为子女性别的选择，他们通过产前性别鉴定与性别选择性流产，来选择生育子女的性别，尤其体现在二孩生育行为

中，这导致我国大部分地区出生性别比失调。出生性别比的攀升其直接后果就是男性多于女性，但这并不一定会产生婚姻挤压，因为婚姻挤压还受年龄结构等因素影响，婚姻市场还可以通过扩大男女婚龄差等方法来缓解。但如果出生性别比偏高现象持续下去，婚龄差难以进一步扩大，必将出现严重的男性婚姻挤压，影响婚姻市场的稳定和平衡（潘金洪，2007）。政府、专家学者和广大民众已经在密切关注这一问题。

统计数据显示（图2-4-2），我国出生性别比从20世纪80年代开始就达到了107.4，之后逐步上升，近30年

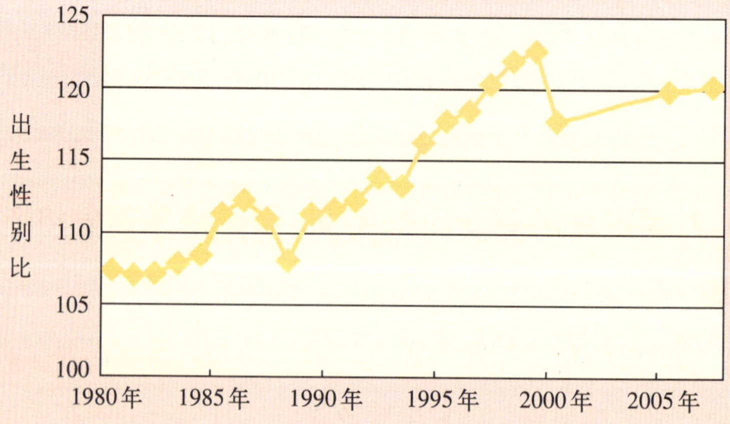

图2-4-2 全国出生性别比变化趋势

资料来源：1980—1993年，张翼（1997）；1994—2000年，国务院人口普查办公室（2002）；2005年，《中国性别平等与妇女发展状况》白皮书；2006、2007年，国家统计局年度人口变动抽样调查。

来，出生性别比持续超出国际社会所认可的103 － 107的正常值范围。我国出生性别比在1999年达到了122.7，海南等省份的出生性别比甚至已经超过了130。尽管我国人口出生性别比在21世纪后没有再大幅上升，但仍然持续高出正常值范围。2007年的最新数据显示，我国人口的出生性别比为120.22。

出生性别比失常直接影响到各年龄组的人口性别结构。表2–4–2显示，1995年，我国0–19岁人口的性别比还比较正常；但在2000年，0–19岁人口的性别比就超出了正常范围，特别是年龄越小的人口，性别比越高；2005年，随着时间推移，性别比偏高的队列年龄在不断增长。当性别比偏高的一批人进入婚龄时，婚姻市场就会出

表2–4–2　我国0–19岁人口分年龄性别比

女=100

年　龄	1995年	2000年	2005年
0-4	105.71	120.17	122.66
5-9	105.76	115.42	119.30
10-14	104.16	108.81	114.20
15-19	99.81	105.43	107.88

资料来源：1995年和2005年全国1%人口抽样调查数据，2000年第五次全国人口普查机器汇总数据。

现一定程度的男性婚姻挤压；当性别比偏高的几批人连续进入婚姻市场时，婚姻挤压的程度将进一步扩大。然而，出生性别比的偏高与婚姻挤压并非简单的时间推移关系，婚姻挤压的时间和程度还有待进一步推测和论证。但可以肯定是，婚姻挤压是我国婚姻市场现在和将来必须面对的问题。

我国男性婚姻挤压将使得一部分男性难以找到配偶，从而有可能进一步影响终身未婚比例的变化，还将影响夫妇年龄差和平均初婚年龄，由此而产生的一系列家庭和社会影响也是难以避免的。通常，婚姻挤压的风险主要由经济不发达地区承担，导致贫困地区的男性——也就是我们俗称的“丁男”——婚配十分困难。到时，农村大龄未婚男性的问题将会对农村家庭乃至整个社会造成较大的影响。由此可见，随着出生性别比的持续偏高，男性婚姻挤压问题将在未来的几十年间更加突出，我们必须为降低出生性别比做出努力并为婚姻挤压所带来的各种问题做好准备。

3.高龄老年人口丧偶问题突出

改革开放前，由于医疗卫生事业的发展和生活条件的改善，我国人口平均预期寿命就已经有了大幅度增长。改革开放后，我国人口平均预期寿命仍然持续增长，从1981

年的67.77岁，增长到2000年的71.40岁（表2-4-3）。根据世界卫生组织《2006年世界卫生报告》公布的数据，我国男性平均预期寿命为70岁，女性为74岁，人均寿命平均72岁[①]。2007年，中国人口平均预期寿命由71.4岁提高到了73岁，这比世界人口平均预期寿命65.4岁高出了7岁多。根据《卫生发展“十一五”规划纲要》中的健康指标，我国人口平均预期寿命到2015年要达到72.5岁，比2005年增加0.5岁。

表2-4-3 我国分性别平均预期寿命比较

单位：岁

平均预期寿命	1981年	1990年	2000年
男	66.28	66.84	69.63
女	69.27	70.47	73.33
全部人口	67.77	68.55	71.40

资料来源：国家统计局五次全国人口普查人口基本状况数据表。

由于生育率和死亡率的共同作用，我国老龄人口比重逐渐增加，人口老龄化逐步发展。1999年，我国60岁以上

①书中公布的各国平均寿命是以各国2004年统计资料为标准推算的。

老年人口达到总人口的10%；2000年，我国65岁及以上老年人口比重也达到7%，这说明我国已经进入老年型人口社会。而由于老年夫妇的年龄差和男女预期寿命的不同，女性高龄老人的丧偶问题十分严重。根据统计数据可以看出（图2-4-3），我国高龄老人的丧偶率有显著的性别差异，女性高龄老人丧偶率比男性高出30多个百分点。

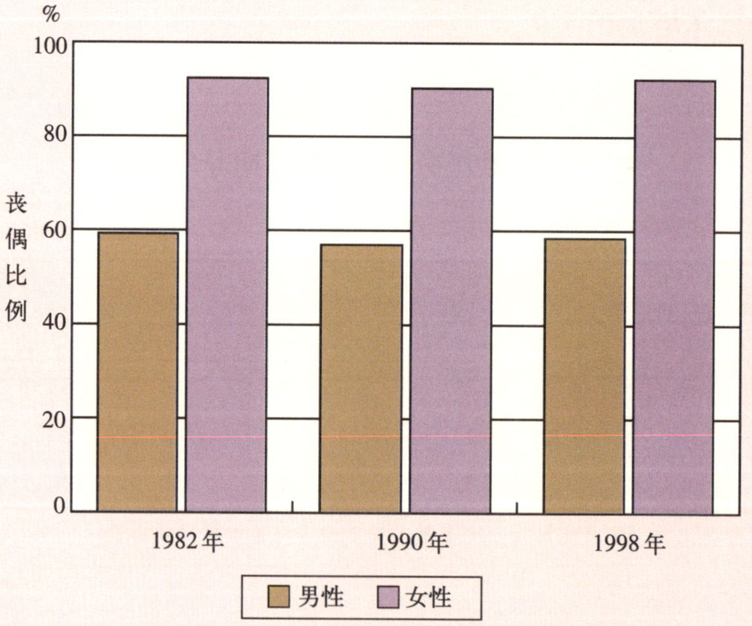

图2-4-3 我国80岁及以上老年人口的丧偶比例分性别比较

资料来源：1982年和1990年全国人口普查，1998年高龄老人调查，（郑真真，2001）。

尽管从1982年到1998年我国高龄老人在丧偶比例上没有

显著变化，但由于老年人口数量的大幅增长，我国女性高龄丧偶老人在总数量上也有很大的增长，她们成为不得不受到关注的群体。根据2005年全国1%人口抽样调查的数据计算，我国2005年80岁以上的老人有1500多万，80岁以上丧偶老人有900多万，其中女性丧偶老人有近700万，不仅占了很大比例，而且绝对数量也是非常大的。在“2007华人长期照顾会议”中，有关专家指出预计2010–2015年，我国女性的预期寿命比男性高3.9岁；这一数字在2020–2025年为4.1岁，在2040–2050年为4.5岁；越是老龄化的人口，老年人口中女性老年人的比例就越高。这说明，我国高龄女性老年人的丧偶独居问题未来将更为严重。

据各种研究表明，女性老人不仅丧偶比例高，而且丧偶后再婚比例低，丧偶年数长。配偶本是老人在生活和情感上依赖的主要和重要对象，老年丧偶将严重影响老人的居住状况、生活照料、健康和情感需要，如果不能将丧偶老人合理安排，将会产生非常不利的后果。因此，我们必须关注丧偶老人、高龄丧偶老人，特别是丧偶独居老人，对他们的经济和生活进行妥善的安置，关注他们的身体健康和情感需要，保证每个老人的生活质量。此外，还应对高龄丧偶老人群体进行更为深入的分析，为解决日益加重的老龄化问题提供理论依据。

4. 平均家庭户规模不断缩小，“四二一”家庭结构出现

改革开放后，我国平均家庭户规模进一步缩小，由1982年的每户4.41人下降到2005年的每户3.13人（图2-4-4）。由于政策的号召，我国产生了一大批“独生子女”，特别是在城市中，“独生子女”的比例很高。根据估算，2000年，我国“独生子女”的数量已达到了9000万左右（宋健，2005）；而2005年全国1%人口抽样调查数据显示，我国0—30岁人

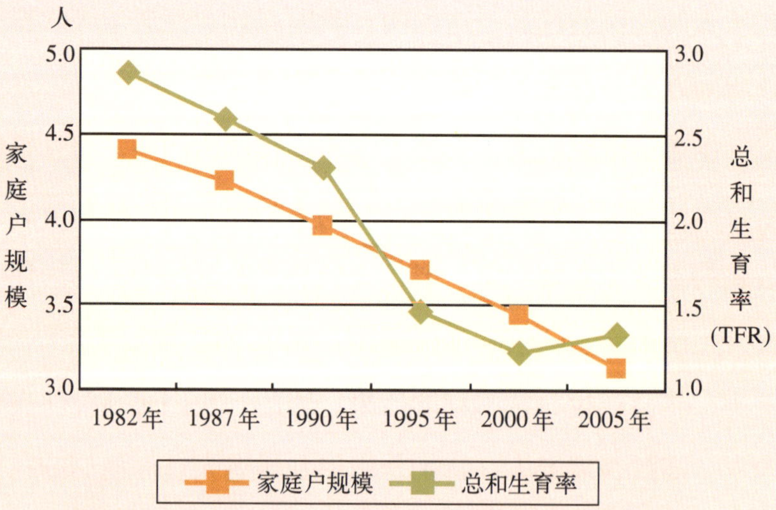

图2-4-4　我国改革开放后平均家庭户规模和总和生育率的变化

资料来源：1982年、1990年和2000年全国人口普查资料，1987年、1995年、2005年全国人口1%抽样调查资料。

注：总和生育率数据均来自没有经过调整的普查或调查资料。

口中独生子女人口的比例已经占到29.30%。因此，在计划生育政策和家庭观改变的作用下，我国家庭从传统的大家庭转变为以核心家庭为主，而在城市的核心家庭中，通常为父母与其独生子女共同生活的“三口之家”，家庭规模也接近每户3人。

独生子女大量产生，“四二一”家庭的出现便不可避免。狭义的“四二一”家庭通常需要祖辈、父辈和子辈三代共存，一对独生子女之间进行婚配，以及第二代的子女也为独生子女（宋健，2000）。根据这一定义，我们能够发现，由于我国人口预期寿命的延长，独生子女数量的增多，总和生育率的持续下降，“四二一”家庭的出现是必然的。考虑到现行的计划生育政策——夫妻双方都是独生子女的家庭可以生育两个孩子，就会出现很大一部分独生子女夫妇有两个孩子的情况，也就形成了“四二二”家庭。实际上，“四二二”家庭对于独生子女夫妇来说负担更为沉重，他们不仅要抚养两个孩子，还要赡养四位老人。1980年，中共中央发布了《关于控制我国人口增长问题致全体共产党员的公开信》，指出“实行一对夫妇只生育一个孩子”，同时也提出“到四十年后，一些家庭可能会出现老人身边缺人照顾的问题”。随着独生子女数量的增多，将有更多的独生子女父母面临很大的养老风险，他们的养老问题令人堪忧。根据专家测算，我国“四二一”家庭的数量将持续增长，而“四二二”家庭的数量将更多（齐险峰，郭震威，2007）。可见，伴随“四二一”及“四二二”家庭的出现，与之相关的养老等问题将更为严重，因此进一步研究“四二一”及“四二二”家庭是十分必要的。

影响我国平均家庭户规模缩小和“四二一”家庭出现的原因很多，总和生育率的下降是其中的一个主要因素。由于社会经济发展和计划生育政策的共同作用，我国人口总和生育率不断下降。我国人口家庭户规模的缩小与总和生育率的降低是分不开的，生育子女数量的减少对家庭户人口的减少有直接的作用。图2–4–4显示出总和生育率的下降与家庭规模的下降过程是基本一致的，它们都受到了社会发展与人口转变的影响。然而家庭户规模的缩小还与户分化水平有关，这就与改革开放以来社会、经济和文化等方面的发展分不开，与人口性别、年龄构成也有很大的关系（郭志刚等，1992），这些因素也不可忽视。

5．空巢家庭增多，“空巢”时间增长

随着家庭生育数量的减少，不仅家庭户规模发生了变化，主要家庭结构也随之改变。我国现今家庭类型以三人

户和二代户为主，家庭结构以核心家庭为主。根据2005年全国1%人口抽样调查数据统计，我国三人户和二代户的比例均为52.7%，既是三人户又是二代户的家庭占29.2%，可以看出“三口之家”的三人核心家庭已经成为我国家庭的一个重要形式。对于核心家庭来说，如果家庭只生育一个

表2-4-4 传统家庭生命周期与独生子女核心家庭生命周期及其人口事件比较

阶段	传统核心家庭生命周期	
	起始	结束
形成	结婚	第一个孩子出生
扩展	第一个孩子出生	最后一个孩子出生
稳定	最后一个孩子出生	第一个孩子离开父母
收缩	第一个孩子离开父母	最后一个孩子离开
空巢	最后一个孩子离开	配偶一方死亡
解体	配偶一方死亡	配偶另一方死亡
阶段	独生子女核心家庭生命周期	
	起始	结束
形成	结婚	独生子女出生
扩展	独生子女出生	独生子女离开父母
稳定		
收缩	独生子女离开父母	配偶一方死亡
空巢		
解体	配偶一方死亡	配偶另一方死亡

孩子，那么传统核心家庭生命周期就要发生变化。在周期中，扩展和稳定阶段将合二为一，收缩和空巢阶段也将合二为一（表2－4－4）。可见，独生子女核心家庭有着自己独特的家庭生命周期，反映为子女（独生子女）在父母身边的时间较短，离开父母时间提前，而由于人口寿命延长，死亡时间推迟，所以“空巢”时间被大大增长了。

随着我国社会经济、政治和文化的发展，人们的生活方式和观念发生了巨大的改变，因此家庭结构、家庭关系和家庭功能也产生了许多改变，“家庭空巢化”同样势不可挡。1987年我国有老年人家庭中“空巢家庭”的比例为16.7%，1999年就上升到25.8%，其中天津市居全国之首，达到36.5%；而同期独居老人的比例从1.38%上升到11%（穆光宗，2002）。随着我国老龄化的发展，空巢家庭的比例还有继续上升的趋势，特别是在城市中。此外，由于独生子女家庭大量产生，子女成年后就离开父母去求学或工作，许多家庭的父母在中年时已迎来“空巢”期。这种“空巢”期的提前，与更年期和中年危机等共同作用，对中年父母的影响不可忽视。

现今，在城市中，第一批及前几批独生子女父母已进入了中年“空巢”期，“空巢”会给“空巢”期父母带来情感上的空虚，需要其寻找适当的情感补充；而对于“空巢”老人来说，“空巢”期意味着无论从生活还是情感上缺少必要的家庭支持。解决“空巢”问题必须加强“空巢”家庭的家庭网络支持和社会网络支持，关注“空巢”家庭的生活状态和社交状态，对“空巢”家庭进行深入的研究，才能更好地应对“空巢”化高峰。

“空巢”家庭的增多与家庭居住模式的演变有关，也受到改革开放后家庭观转变的影响。但家庭居住模式和家庭结构的改变并不是“空巢”家庭增多，“空巢期”延长的充分条件，生育的减少和人口平均寿命的增长直接导致了当代中老年人“空巢”期的延长。具体来说，生育的减少使“空巢”期的起点提前了，而人口平均寿命的增长使“空巢”期的终点推后了，这“一前一后”就必然延长了“空巢”期从开始到结束的时间。无论怎样，人口转变带来的“空巢”家庭都是无法避免的，“空巢”老人要从自身出发，积极面对“空巢”期，只有个人和社会共同努力才能很好地解决“空巢”化问题。

从以上分析可以看到，改革开放三十年来，我国人口婚姻家庭在总体上保持稳定的同时也发生了许多变化。对于经济发展和社会进步所带来的这些人口后果，我们必须积极面对，只有分析这些问题产生的原因，深入研究其表现形式，合理预测未来的发展趋势和可能带来的影响，才能为解决这些问题做好准备。

五、受教育状况变化

改期开放以来，中国人口不仅在总量和年龄结构发生了变化，而且人口素质也在不断提高。控制人口数量以提高人口素质为目的，而提高人口素质反过来则有利于人口数量的控制。30年来，我国不仅实现了控制人口数量的目标，而且最重要的是人口素质得以大大提高，特别是人口的文化素质。

1.人口粗文盲率持续下降

1982年以来，我国人口粗文盲率（15岁及以上人口中文盲和半文盲人口占总人口的比重）大幅下降，从1982年的22.81%下降到2007年的7.17%，下降了三分之二。也就是说，我国1982年15岁以上人口中，每5个人中就有一个文盲、半文盲，现在每14个人中才有一个。特别是1982年到2000年间，人口粗文盲率下降了60%，是近三十年来下降速度最快的时期，这是改革开放后我国教育事业发展迅速的结果。进入新世纪以后，粗文盲率仍在稳步下降。

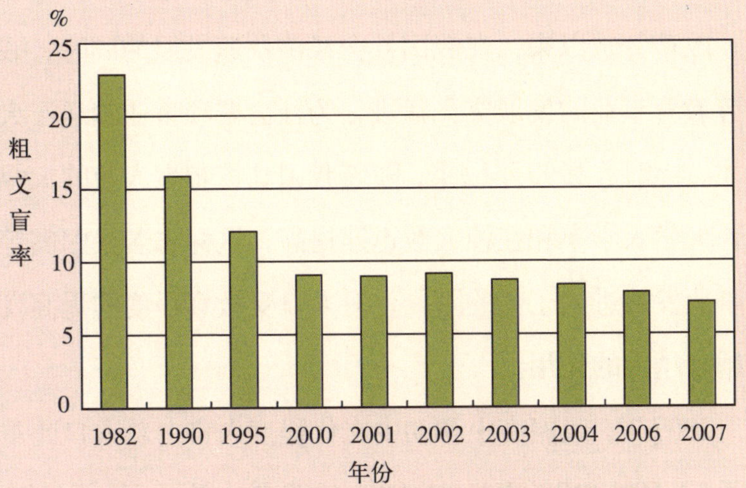

图2-5-1　1982年以来中国粗文盲率的变化

资料来源：1982年数据出自第三次人口普查数据，国家统计局：中国人口主要数据手册，1994年；1990—2004年数据出自段成荣，我国人口受教育状况分析，人口研究，2006年第1期；2006年数据出自国家统计局人口和就业统计司编《2006中国人口》，中国统计出版社，2007年。

2.受过高等教育的人口比重日益增大

改革开放30年来，伴随着我国文盲、半文盲人口的不断减少，初中文化程度和高中文化程度人口不断增加，特别是大学以上文化程度人口增长迅速。小学文化程度人口所占比重在逐步下降。

2007年，我国大学及以上人口达到8139万，占总人口的比重达到6.16%，比2000年上升了2.55个百分点，比1990年上升了4.74个百分点，比1982年上升了5.58个百分点；分别是2000年、1990年和1982年的1.7倍、4.3倍和10.6倍。可见，改革开放以来，在我国社会经济快速发展的同时，我国高等教育事业的发展突飞猛进，为社会各项事业输送了大批人才。特别是1999年以来，随着我国高校招生人数的大幅增长，大学入学率和在校人数迅速提高，这标志着我国高等教育事业发展进入了新的阶段，对人口受教育程度的提高发挥着越来越大的作用。

2007年，我国高中和初中文化程度人口占总人口比重分别为12.59%和37.76%，分别比1982年上升了82%和105%。随着我国基础教育的发展和九年制义务教育的实施，基础教育设施不断完善，师资力量不断壮大，越来越多的人获得了更多的教育机会。

在过去三十年里，一方面是义务教育的发展使更多的人受到初中以上教育，另一方面，我国人口总和生育率逐渐下降到低生育水平，少年儿童人口数量在不断减少，从而使小学在校人口也在减少。2007年我国小学文化程度人口占总人口的比重为29.85%，比2000年低5.85个百分点，比1995年低8.58个百分点，比1982年低4.75个百分点。可见，我国小学文化程度人口所占比重经历了从20世纪80年代以来先上升，到90年代中期上升到峰值，之后开始下降的过程。

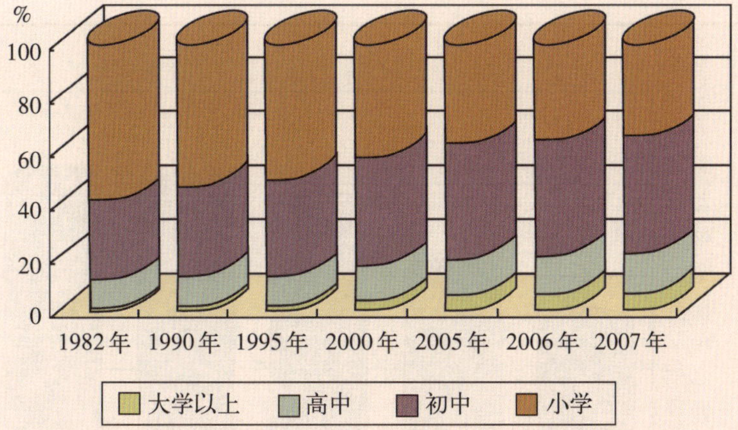

图2–5–2　1982年以来我国人口文化程度构成变化

资料来源：1982年数据出自中华人民共和国国家统计局《关于一九八二年人口普查主要数字的公报》，1982年；1990–2007年数据出自武洁，李桂芝，2007年我国人口状况，2008年．

3．人均受教育年限提高，劳动力人口受教育年限与发达国家差距缩小

总体上看，我国人口平均受教育年限不断上升。这表明改革开放以来我国人口整体文化素质有了显著提高。

2007年，我国15岁及以上人口平均受教育年限为8.4年，比2000年增加了0.55年，比1990年增加了2年，比1982年增加了3.07年（见图2–5–3）。改革开放至今，我

国人口人均受教育年限增加了58%左右，平均受教育水平从小学提高到初中。人口素质的提高将为我国实施可持续发展战略提供可靠的保障。

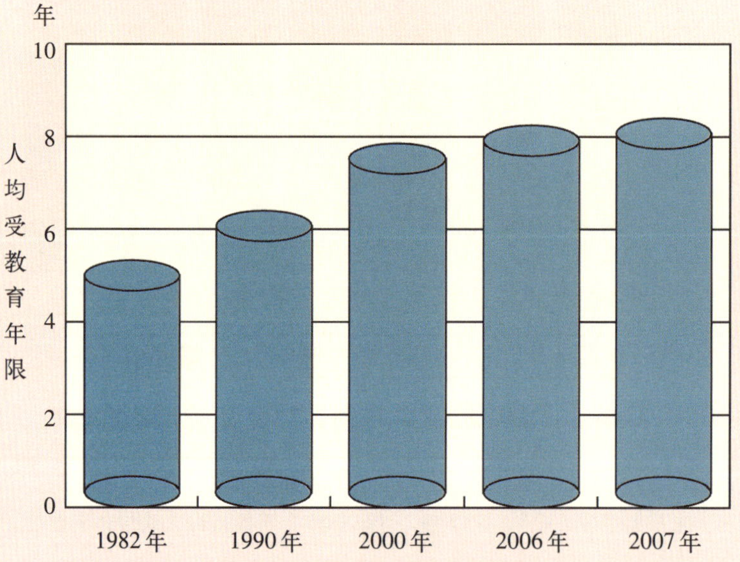

图2-5-3　我国1982年以来15岁及以上人口平均受教育年限变化

资料来源：1982年–2000年数据出自“我国人力资源基本状况分析——基于第五次人口普查资料的实证研究”，载于《从人口大国迈向人力资源大国》，高等教育出版社；2006年数据出自国家统计局人口和就业统计司《2006年中国人口》，中国统计出版社，2007；2007年数据根据人口变动抽样调查数据计算。

虽然近30年来，我国人口平均受教育年限有了显著提高，人口素质有了明显改善。值得提出的是我国人口平均受教育年限与世界和发达国家的差距正在逐步缩小，但差距还相当大。

20世纪70年代，我国人口平均受教育年限为4.38年，低于世界平均水平（5.54年）1.16年，分别比美国、俄罗斯和日本低5.31年、4.89年和3.4年。20世纪80年代，我国人口平均受教育年限上升到4.94年，比世界平均水平低1.23年，比美国、俄罗斯和日本分别低6.66年，4.83年和3.8年。至21世纪初，我国人口平均受教育年限快速增长，超过7年，高出世界平均水平0.45年。同时与比美国、俄罗斯和日本的差距缩小到5年、2.89年和2.36年。从上个世纪70年代至今，中国人口人均受教育年限与印度的差距在拉大，1975年比印度高1.68年，1999年高出了2.05年（见图2–5–4）。

人口文化素质的提高，并且与发达国家差距的缩小证明了我国正在从人力资源大国向人力资本强国转变。进入21世纪随着我国科教兴国战略稳步实施，中国必将成为世界人力资本强国。这是我国经济实力不断上升，综合国力不断增强，人民生活水平明显改善的重要原因。

在取得巨大成绩的同时，我们还必须看到我国人口素质地区、城乡、性别和年龄差异大。如何贯彻落实科学发展观，以人为本，在构建和谐社会中统筹区域和城乡发展，推进性别平等，实现城乡、地区、性别和年龄间的平等和谐发展，努力缩小差距，是新时期教育事业发展进程中面临的重大问题。

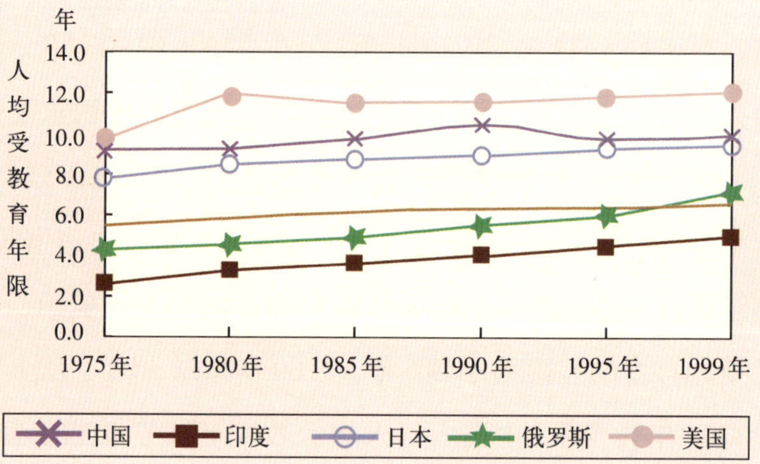

图2-5-4 我国与世界15—64岁人口受教育年限比较

资料来源：胡鞍钢，从人口大国到人力资本大国：1982—2000年，中国人口科学，2002年。

六、流动人口

改革开放30年来，我国经济、社会各领域发生了巨大的变化，引起了全世界的高度关注。人口的大规模流动是其中最重要的变化之一。庞大的流动人口的产生和存在，不仅作为最活跃的生产要素推动了我国经济的高速发展，而且还引发了最为深刻的社会变迁，劳动力的行业和职业构成、人口的城乡分布、社会的阶层结构、人们的生活方式和价值观念等都随之发生了巨大的变化。为此，在纪念改革开放30周年之际，非常有必要对30年来我国流动人口变化的历史脉络进行梳理，总结其变化规律。这样的梳理和总结，不仅可以帮助我们更好地认识历史，而且还可以帮助我们更好地预见我国流动人口的未来。

本部分旨在总结改革开放30年来我国流动人口变动的主要趋势。改革开放以来，我国政府十分注重对人口状况及其变动相关信息的收集(这一点，本身也是改革开放的成果之一，它为决策的民主化和科学化提供了重要的依据)。在改革开放之初的1982年，我国就成功地组织了高水平的第三次全国人口普查；此后，又定期地开展了一系列的全国人口普查和全国1%人口抽样调查。这些调查所提供的宝贵人口资料，为本部分研究奠定了坚实的基础。

1.数据来源及流动人口口径的界定

本文研究使用的数据资料主要有1982年第三次全国人口普查(以下简称三普)、1987年全国1%人口抽样调查(简称1987年1%抽样调查)、1990年第四次全国人口普查(简称四普)、2000年第五次全国人口普查(简称五普)和2005年全国1%人口抽样调查(简称2005年1%抽样调查)的相关数据。

根据历次全国人口普查(调查)的项目特点，本文以调查项目"户口登记状况"为界定流动人口的标识。流动人口是指改变了经常性居住地而未改变户口登记地的人。由于历年人口普查(调查)的调查项目略有不同，依据各次普查(调查)得到的流动人口在口径上有一定差异，具体如下：

在三普中，流动人口指户口登记状况(调查项目六)为"常住本地一年以上，户口在外地[1]"，以及"人住本地不

① 三普调查项目中的"本地"是指本县，"外地"是指本县以外地区。1987年1%人口抽样调查的调查项目也同此意。

满一年，离开户口登记地一年以上”两款人；在1987年1%抽样调查中，流动人口指户口登记状况(调查项目六)为“户口在外地”的人；在四普中，流动人口指户口登记状况(调查项目六)“常住本县、市一年以上，户口在外县、市”及“人住本县、市不满一年，离开户口登记地一年以上”两款人；在五普中，流动人口指户口登记状况(调查项目R6)“居住本乡镇街道半年以上，户口在外乡镇街道”以及“在本乡镇街道居住不满半年，离开户口登记地半年以上”两款人，并剔除其中的市内人户分离人口；根据2005年1%抽样调查项目，流动人口是指“调查时点居住地”(调查项目R7)在本调查小区，但“户口登记地情况”(调查项目R6)为本乡(镇、街道)以外的人口，同时剔除了市内人户分离人口。在五普和2005年1%抽样调查数据中所剔除的市内人户分离人口，是指在同一城市的市区范围内居住地和户口登记地相分离的人口，其具体界定比较复杂，详细内容可参看段成荣和孙玉晶论文(2006)“我国流动人口统计口径的历史变动”，此处不赘述。

上述各年流动人口口径之间并不完全一致，那么，依据这些数据得到的各年流动人口之间是否具有可比性呢？这是本文研究的一个基础性问题。对此我们作了专门研究，结论是，可比性较强。这些可比性分析的结果，限于篇幅，本文不赘述。以下就两个主要的问题做出简要说明。

首先，研究表明，市内人户分离人口和流动人口在很多结构性指标上存在较大差异(段成荣、孙玉晶，2006)。在2000年和2005年数据中，我们将市内人户分离人口从流动人口中剔除出来，而2000年之前的历次普查和抽样调查都无法将市内人户分离人口从流动人口中分离出来。那么，对市内人户分离人口的这种不同处理方式，是否会影响本文的对比呢？我们认为，基本没有影响，原因在于，上世纪90年代中期以前，市内人户分离人口很少。

其次，各次普查和调查对于流动人口离开户口登记地的时间长短和距离远近的界定有所差异，主要表现在时间上是否包括离开户口所在地一年以内的人和空间上是否包括县内跨乡镇流动的人。这些差异会对本文研究产生什么影响呢？利用2005年1%抽样调查数据，本文分别比较了流动时间为“一年以内”与“一年以上”的流动人口、县内跨乡镇与跨县流动人口的性别、年龄、教育、婚姻构成、流动原因等结构特征指标，结果发现，本部分前述有差异的流动人口口径之间仍然具有较好的可比性。

2.改革开放以来我国流动人口变动的九大趋势

2.1流动人口的普遍化

2.1.1 流动人口规模在短短20多年时间内增长了21倍

20世纪50年代后期至80年代初期，由于实行严格的计划经济管理，加上严格的户籍管理，全国流动人口为数很少。截止80年代初，全国离开户口所在地外出流动的流动人口数量不过几百万人。根据三普数据估算，1982年我国流动人口的数量仅为657万人②(见图2–6–1)，只占全国总人口的0.66%。

80年代中期以后，我国的流动人口经历了一个迅速增长的过程。1984年，以国务院《关于农民进入集镇落户问题的通知》为标志，国家在一定程度上放松了对农村人口进入中小城镇的控制，并由此带来对整个人口流动控制的松动，随之，流动人口在规模上迅速增长。1987年，全国的流动人口就猛增到1810万人。

此后，流动人口的增长更是势不可挡，人口流动的目的地也逐渐突破小城镇而大量进入大中城市。根据四普数据

②由于历年流动人口口径不一致，根据人口普查(调查)数据资料直接计算所得到的流动人口数(见附表1)的可比性会受到影响。为了使各年份的流动人口规模有更强的可比性，我们对1982年、1987年和1990年的流动人口数量进行了调整。调整的依据是：从五普和2005年1%抽样调查数据可知，2000年和2005年的“一年以内”流动人口在当年全部流动人口当中所占比例分别是22.61%和21.40%。我们取这两个比例的平均数(22%)为时间调整系数；县内跨乡镇流动人口在当年全部流动人口当中所占比例分别是30.2%和24.3%。我们取这两个比例的平均数(27%)为空间调整系数。然后用这两个调整系数对1982、1987和1990年直接计算得到的流动人口数进行调整，其中，1987年不需要进行时间调整。调整的计算公式为：

调整后的流动人口数＝直接计算得到的流动人口数/[(1－时间调整系数)×(1－空间调整系数)]

调整后的各年流动人口数见附表1。

附表1 全国流动人口数量及其占全国人口的比重

年份	直接计算所得流动人口数（万人）	调整后的流动人口数（万人）	直接计算所得流动人口占总人口的%	调整后的流动人口占总人口的%
1982	657	1154	0.66	1.16
1987	1810	2479	1.69	2.32
1990	2135	3750	1.89	3.32
1995	7073	7073	5.86	5.86
2000	10229	10229	7.90	7.90
2005	14735	14735	11.27	11.27

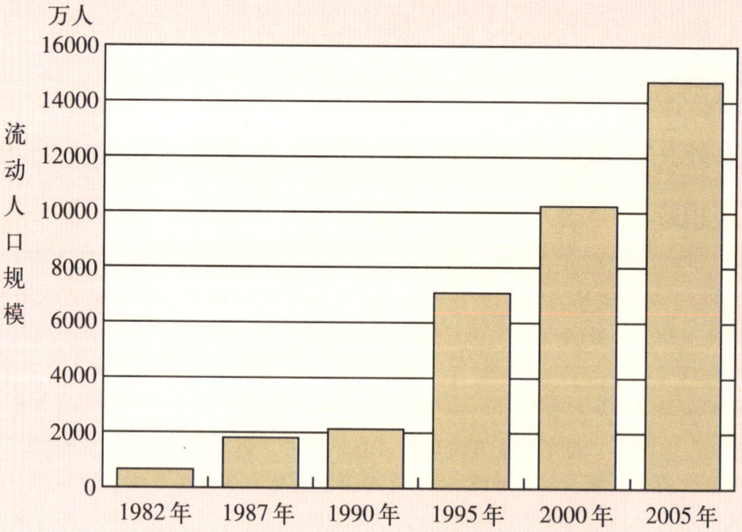

图2-6-1 我国流动人口数量变动趋势

资料来源：根据1982年第三次全国人口普查、1987年全国1%人口抽样调查、1990年第四次全国人口普查、1995年全国1%人口抽样调查、2000年第五次全国人口普查和2005年全国1%人口抽样调查数据计算。本文以下图表，如无特别说明，数据来源同此。

估算，1990年全国流动人口数量达到2135万人，占全国总人口的1.89%。而仅仅五年之后，1995年全国流动人口的数量几乎翻了两番，达到7073万人，占全国总人口的比例进一步提高到5.86%。

2000年，全国流动人口数量超过1亿。进入新世纪以后，流动人口继续保持快速增长的势头。2005年，全国流动人口数量达到14735万人。

在短短的20多年时间内，全国流动人口规模从仅仅660万人增加到近1.5亿人，增长了21.4倍③。今天我们面临的形形色色的流动人口问题，都直接源于流动人口的巨大规模及其快速增长。

2.1.2 流动人口在全国总人口中所占比例大幅度提高

1982年，流动人口在全国总人口中所占比例只有0.66%，那个时候，人们基本上感觉不到流动人口的存在。1990年，流动人口在全国总人口中的比例提高到1.89%，当时，部分城市中流动人口占城市总人口的比例也提高到10%以上，人们对于流动人口的存在已有了很明显的感觉，整个社会对于流动人口的关注也逐渐显露出来。进入新世纪以后，流动人口在全国总人口中的比例已达到10%以上

③如果按照调整后的流动人口规模进行计算，则增长速度慢于此速度，但改革开放以来流动人口快速增长的格局并没有发生变化。

(2005年为11.27%)，而在部分城市，这个比例已高达20%，甚至30%以上。

近年来，流动人口问题的突显，显然也是与其在总人口中比例的大幅度上升密切相关的。

2.1.3 流动人口随处可见

流动人口流向四面八方。依据2005年1%抽样调查资料，14735万流动人口分布在全国所有的省(市、区)，几乎找不到没有流动人口的地方。在各个省(市、区)中，河南省是流入人口占当地总人口中比例最低的地区，尽管如此，流动人口在河南省常住总人口中所占比例也达到2.52%。

在部分城市和经济发达地区集中了大部分流动人口。上海、广东、北京、浙江、福建等省(市)接收的流动人口占当地常住总人口比例分别高达34%、26%、23%、20%和19%。在这些省(市)，平均每五个人甚至每三个人中就有一个流动人口。

2.1.4 流动人口来自五湖四海

流动人口来自全国的每一个角落。以跨省流动人口为例，虽然四川、广东、安徽、河南、湖北、江苏、广西、湖南、江西等地输出了全国多数的跨省流动人口，但全国的每一个省，都有在外流动的流动人口。

可以说，在今天的中国，已找不到一个没有受到流动人口影响的城市街道或农村村庄。

2.2 流动原因的经济化

依据流动原因，可以将流动人口划分为经济型流动人口和社会型流动人口两类。经济型流动人口包括因工作调动、分配录用、务工经商、学习培训等原因而流动的人；社会型流动人口包括因婚姻迁入、随迁家属、投亲靠友和退休退职等原因而流动的人。

最初的流动人口以社会型流动人口为主体。1987[④]年，社会型流动人口在全部流动人口中占56.3%，而务工经商等经济型流动人口则居于从属地位。1987年1%抽样调查数据显示：在全部流动人口当中，因婚姻迁入而流动的流动人口所占比例高达21.04%，同样，因投亲靠友、随迁家属等原因流动的人分别占18.7%和15.1%。因务工经商而流动的人却只占26.58%，因学习培训、工作调动等经济型原因而流动的比例更低。

但是，追求经济目标毕竟是人们迁移流动的根本原因。经济型流动人口很快成为流动人口的主要部分。四普数据表明：到1990年，务工经商者占全部流动人口的比例迅速提高到50.16%，各类经济型原因合计所占比例更是提高到60.2%。相反，社会型流动人口所占份额则降到三分

④ 1982年三普资料中不含流动原因信息。

表2-6-1 部分年份全国流动人口流动原因构成

单位：%

流动原因		1987年	1990年	2000年	2005年
经济型流动	工作调动	4.4	4.5	3.2	2.6
	分配工作	2.1	2.8	1.2	0.6
	务工经商	26.6	50.2	55.1	53.1
	学习培训	2.8	2.7	6.9	3.7
	小　计	35.9	60.2	66.4	60.0
社会型流动	投亲靠友	18.7	13.4	6.3	8.3
	退休退职	1.5	1.0	-	-
	随迁家属	15.1	7.7	13.1	14.3
	婚姻迁入	21.0	11.4	5.4	7.8
	拆迁搬家	-	-	4.0	3.3
	小　计	56.3	33.5	28.8	33.7
其　他		7.8	6.4	5.0	6.3
合　计		100	100	100	100

之一左右。无论是婚迁、随迁还是投靠型流动人口的份额都明显下降。

进入21世纪之后，流动人口中务工经商者的比例维持在50%–55%的较高水平上。

2.3流动时间的长期化

表2–6–2展示了1987年、2000年和2005年流动人口在

表2-6-2 部分年份流动人口在流入地居住时间的构成

单位：%

居住时间	1987年	2000年	2005年
1年以内	18.35	22.61	21.40
1－2年	16.99	18.80	18.36
2－3年	11.80	11.16	13.57
3－4年	7.61	6.71	9.07
4－5年	5.17	6.13	6.26
5年以上	40.08	34.59	31.34
总　计	100	100	100

注：其中1987年和2000年是指“在本地居住时间”，2005年是指“离开户口登记地时间”。

流入地居住的时间长短构成信息[5]。虽然，从表2-6-2数据中我们看到的是，流动人口在流入地居住不足一年者所占比例从1987年的18.35%提高到2005年的21.4%，而长期居住者(5年以上)所占比例则由40.08%下降到31.34%。这似乎表明，流动人口在流入地的居住时间在缩短，而不是延长。其实不然，原因是，1987年以后特别是1990年以后，我国流动人口进入了高速增长阶段，年均增长率超过10%。在如此快速增长的背景下，每年都有大量“新增”流动人口

⑤其他年份无此信息。

加入到流动人口队伍中来，从而导致短时间(如1年以内)流动人口的比例提高，而长时间(如5年以上)流动人口的比例下降。

当我们考察长时间(在流入地居住5年以上)流动人口的规模时，我们发现在流入地居住5年以上流动人口的数量从1987年的700万增长到2000年的3400万人，2005年进一步增长到4600万人(图2-6-2)。

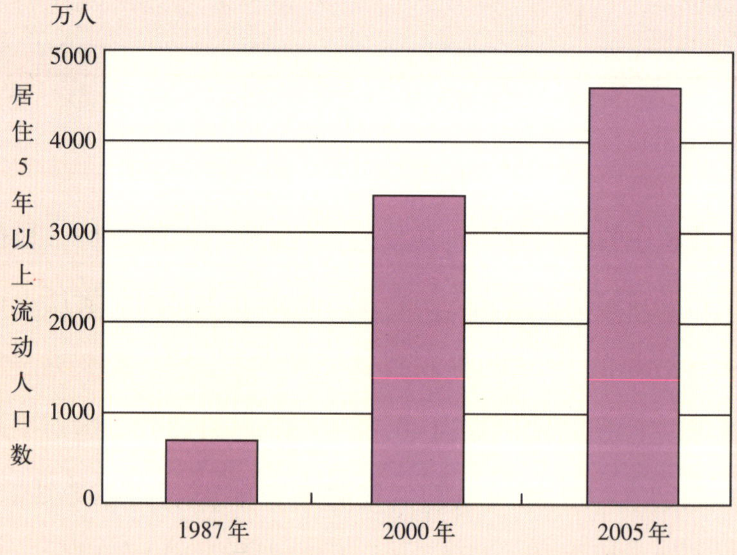

图2-6-2 在流入地居住5年以上流动人口的规模

另据中国人民大学的“北京市1‰流动人口调查”资料，2006年，北京市流动人口中“来京时间”5-9年者占25.3%，10–14年者占9.4%，15年以上者占4.1%(翟振武、段成荣、毕秋灵，2007)。

综合这些信息，我们认为，流动人口有在流入地居住时间长期化的明显趋势。

2.4流入地分布的沿海集中化

30年来，流动人口的流入地分布也发生了较大变化，最突出的特点表现为：流动人口越来越集中地流入到沿海地区，特别是长三角和珠三角地区。

2.4.1 在流动人口大规模出现的初期，传统人口流动活跃的地区、东北老工业基地和一些资源丰富的地区吸引了相对较多的流动人口。

20世纪80年代，传统人口流动活跃的地区吸引了相对较多的流动人口。三普数据显示：当时黑龙江省吸收的流动人口最多，全国流动人口的8.60%集中在该省；其次是河南、山东、江苏和安徽，这四个省吸引的流动人口占全国流动人口的百分比分别是6.31%、5.39%、5.06%和4.85%。同期，辽宁、吉林也吸收了较多的流动人口，分别占全国流动人口的4.37%和3.83%。

上述7个传统人口流动活跃地区和东北老工业基地合计吸收了全国流动人口的38.4%，东北三省合计吸收了全国16.8%的流动人口。

新疆、内蒙、山西是资源省份，它们在80年代也吸引了较多流动人口。1987年，这三省的流动人口在全国流动人口中的比例仅次于广东，总和达到18.46%。

2.4.2 进入20世纪90年代后，沿海发达地区对流动人口的吸引力大幅度上升，而东北老工业基地及传统人口流动活跃地区、资源省份的优势大幅度下降。

1990年以后，不论是老工业基地，还是资源省份，其吸收的流动人口在全国流动人口中所占比重都在下降。从1982年到2000年，东北三省的流动人口占全国的比重从16.8%下降到了7.6%；而新疆、内蒙和山西三省合计的相应比重从12.0%下降到了5.03%。

与此同时，沿海地区则快速地集中了越来越多的流动人口。在沿海地区中，珠三角和长三角在集中吸引流动人口方面尤为突出。从1982年到2005年，广东省流动人口占全国的比重从5.23%上升到了22.37%，而长三角地区的上海、江苏、浙江的流动人口比例总和从11.27%上升到了20.58%。

流动人口流入地分布的这种变动趋势，从根本上讲，是由经济发展以及由此形成的就业机会决定的。改革开放以来，珠三角和长三角地区先后成为我国经济发展的火车头，这些地区越来越集中地吸引来自全国各地的流动人口，是理所当然的。

表2–6–3 各省作为流入地的流动人口占全国流动人口的百分比

单位：%

地区	1982年	1987年	1990年	2000年	2005年
北京	2.07	5.03	2.28	2.54	3.17
天津	1.62	1.34	3.13	0.74	1.10
河北	4.74	3.65	2.88	3.36	2.89
山西	4.18	6.49	2.67	2.33	1.80
内蒙	3.79	5.13	3.37	2.80	2.67
辽宁	4.37	4.40	3.76	3.05	3.34
吉林	3.83	3.72	2.21	1.88	1.42
黑龙江	8.60	4.90	5.82	2.62	2.19
上海	3.07	5.11	5.06	4.14	4.45
江苏	5.06	4.71	4.97	6.36	7.60
浙江	3.14	3.16	4.01	6.37	8.53
安徽	4.85	3.45	5.12	2.15	2.55
福建	3.73	2.38	4.79	3.93	5.76
江西	2.51	1.79	2.62	1.99	2.00
山东	5.39	3.02	3.47	4.89	4.81
河南	6.31	1.86	4.16	3.19	2.03
湖北	4.53	3.62	3.89	3.50	2.20
湖南	3.13	2.91	2.51	2.76	2.96
广东	5.23	10.97	13.23	20.87	22.37
广西	2.34	1.81	2.20	2.43	1.89
海南	-	-	1.58	0.70	0.58
重庆	-	-	-	1.47	1.20

续表

单位：%

地区	1982年	1987年	1990年	2000年	2005年
四川	3.56	4.66	4.75	4.20	3.91
贵州	1.69	1.96	1.01	1.77	1.55
云南	1.72	2.07	2.47	2.96	2.43
西藏	-	-	0.06	0.20	0.08
陕西	3.15	1.26	2.83	1.78	1.48
甘肃	2.00	1.97	1.44	1.17	0.75
青海	0.92	0.73	0.83	0.41	0.34
宁夏	0.48	1.05	0.10	0.53	0.34
新疆	4.03	6.84	2.76	2.93	1.63
总计	100	100	100	100	100

2.5年龄构成的成年化

2.5.1年龄结构金字塔的成年化

图2-6-3展示了1982年以来我国流动人口性别年龄结构金字塔。观察这些金字塔，不难发现，一方面，各年龄流动人口的年龄构成都符合相当标准的迁移流动人口的年龄构成特点，成年人突出地多，青少年人口和老年人口则明显偏少；另一方面，1990年以后，我国流动人口的年龄分布更突出地表现出向成年人口集中的趋势，成年化现象很明显。

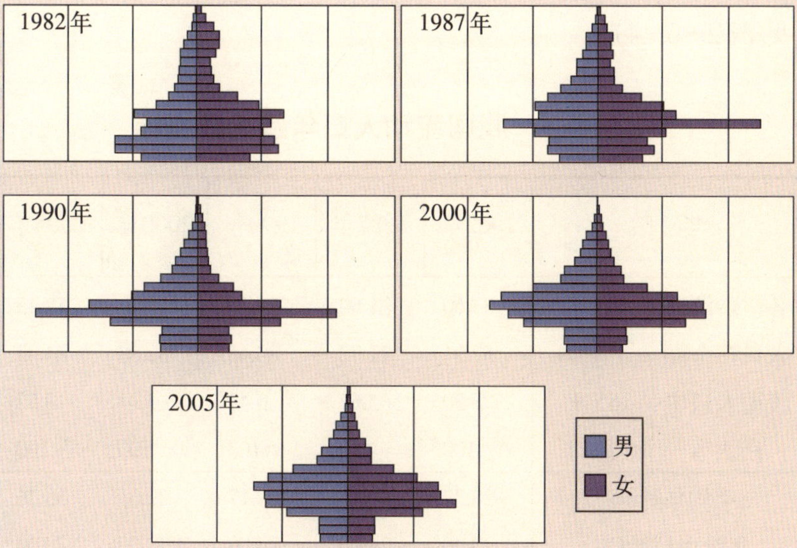

图2-6-3 流动人口性别年龄金字塔的演变

2.5.2劳动年龄人口比重不断上升，少年儿童及老年人口比重下降，平均年龄不断上升

从更精确的统计指标上看，流动人口年龄构成成年化趋势也很清晰。劳动年龄人口(15—64 岁)在流动人口中的比重不断上升，从1982年的不到60%提高到2005年的84%以上。与此同时，我国流动人口中的少年儿童(0—14岁)和65岁以上的老年人比例不断下降。

综合起来看，全国流动人口的平均年龄和年龄中位数则不断上升，年龄中位数由1982年的23岁上升到2005年的29

岁，平均年龄由1982年的28.22岁上升到2005年的30.36岁(见表2–6–4)。

表2–6–4 我国流动人口年龄构成指标

年 龄		1982年	1987年	1990年	2000年	2005年
各年龄流动人口在全部流动人口中所占%	0–14	33.60	21.60	16.15	13.78	12.45
	15–64	57.91	72.72	80.42	82.88	84.03
	65 +	8.50	5.67	3.43	3.34	3.52
	总计	100	100	100	100	100
平均年龄(岁)		28.22	28.17	27.17	29.01	30.36
年龄中位数(岁)		23.00	24.00	24.00	27.00	29.00

2.5.3新增流动人口的平均年龄不断提高

我们选择了来本地时间不到一年的流动人口作为新增流动人口，分别计算了1987年、2000年和2005年的新增流动人口的平均年龄。结果表明(表2–6–4)，1987年新增流动人口的平均年龄为25岁，到2000年提高到26岁，提高了一岁，2005年则进一步提高到26.7岁。流动人口成年化趋势再次得到印证。

2.6性别构成的均衡化

很多人认为，流动人口往往是青壮年劳动力，而且以男性为主，而妇女则留在家里照顾孩子和老人。然而，从历年的流动人口性别比变化趋势可以看到，改革开放以来，我国流动人口的性别构成经历了一个明显的均衡化过程。

2.6.1我国流动人口性别构成的均衡化

改革开放之初，我国流动人口以婚迁、随迁、投亲靠友等社会型流动人口为主，而此类流动人口更多是女性。因此，在80年代初，全国流动人口的性别比明显较低，1982年仅为84，到1987年，流动人口性别比虽有所上升，但仍低于100(图2−6−4)。在80年代的我国流动人口中，女性在数量上占据了多数。

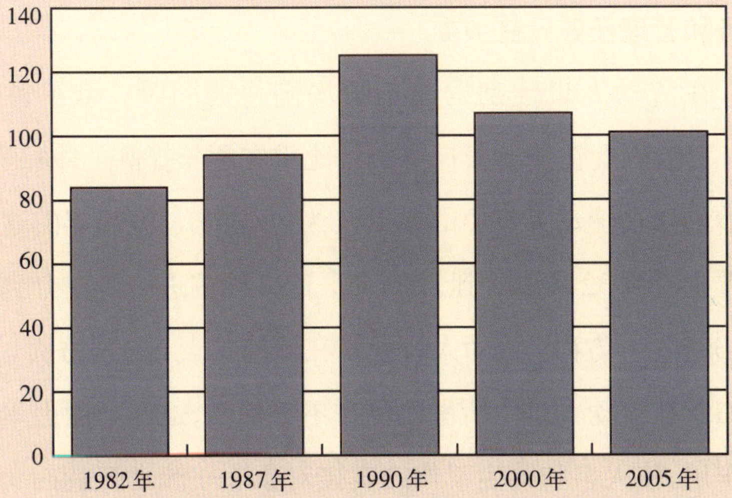

图2−6−4 流动人口性别比的变化趋势

这种流动人口女性占主导地位的现象在1990年流动人口

规模开始急剧膨胀时，发生了根本变化。1990年，全国流动人口性别比达到历史高点，为125。当时，流动人口更多地集中在年轻力壮的男性上。

进入21世纪后，我国流动人口的性别比开始逐步下降，2000年下降到107.25；2005年更是降到了101.17，流动人口中男女两性在数量上基本达到了平衡。进入新世纪之后，女性流动人口迅速增长，一方面，源于越来越多的妇女加入到流动劳动力大军之中，另一方面也是由于更多的流动人口为了实现家庭团聚而以举家流动的方式出现。

2.6.2 流动人口中育龄妇女的比重不断升高，城市计生服务和管理任务日益加重

在流动人口性别构成不断均衡化的同时，我们注意到，育龄妇女在流动人口中所占比重在逐年提高。1982年，育龄妇女在流动人口中的比重仅为28.47%，1990年的这一比重上升到32.47%，到2005年，这一比重进一步上升到了38.39%。一方面，流动人口规模在迅速扩大，另一方面，育龄妇女在流动人口中所占比例在不断提高，这两方面因素共同作用，使人口和计生工作的直接对象——流动育龄妇女的规模大幅度增加。流动育龄妇女数量的增多(见图2-6-5)对城市计划生育工作提出了更高的要求，也对城市计划生育服务提出了更多需求。

表2–6–5 育龄妇女在流动人口中所占比重

单位：%

指　标	1982年	1987年	1990年	2000年	2005年
育龄妇女在流动人口中所占比重	28.47	34.48	32.47	37.00	38.39

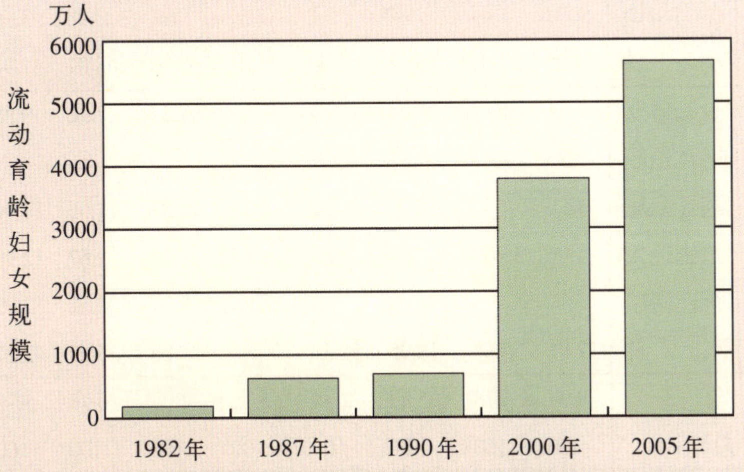

图2–6–5 流动育龄妇女的规模

2.7女性人口流动的自主化

20世纪80年代，女性人口流动的原因主要体现为从属性流动。从表2–6–6可知，1982年，女性人口流动主要表现为社会型流动，婚嫁、投亲靠友、随迁家属引起的流动比例达到73%。尤为突出的是，因婚姻迁入、投亲靠友、

表2-6-6 1987-2005年流动人口分性别流动原因

单位：%

流动原因		1987年		1990年		2000年		2005年	
		男	女	男	女	男	女	男	女
经济型流动	工作调动	6.67	2.4	6.15	2.35	4.49	1.75	3.65	1.54
	分配工作	1.74	2.36	3.51	1.77	1.32	1.01	0.8	0.48
	务工经商	40.43	14.49	62.66	33.54	60.84	48.92	59.58	46.56
	学习培训	4.31	1.44	2.89	2.4	7.37	6.4	3.98	3.36
	小　计	53.15	20.69	75.21	40.06	74.02	58.08	68.01	51.94
社会型流动	投亲靠友	17.6	19.7	9.87	18.11	5.5	7.23	7.36	9.25
	退休退职	2.75	0.41	1.33	0.47	-	-	-	-
	随迁家属	12.6	17.34	5.05	11.22	9.74	16.57	11.66	17.04
	婚姻迁入	4.96	35.09	2.7	22.88	1.61	9.31	2.67	12.99
	拆迁搬家	-	-	-	-	4.01	3.97	3.53	2.99
	小　计	37.91	72.54	18.95	52.68	20.86	37.08	25.22	42.27
其　他		8.97	6.76	5.84	7.24	5.15	4.84	6.78	5.79
总　计		100	100	100	100	100	100	100	100

注：历年普查(调查)的流动原因项目略有变化，五普的流动原因中以“拆迁搬家”取代了四普的“退休退职”，2005年1%抽样调查项目中的流动原因又增加了“寄挂户口”、“出差”两项。

随迁家属而流动者在全部女性流动人口中所占比例分别达到35.09%、19.7%和17.34%。这三种流动加在一起，占了全部女性流动人口的72.13%。这一比例，比男性流动人口的对应比例高35.16个百分点。与此形成鲜明对照的是，当时女性人口因经济原因而流动的比例仅仅为20.69%，尤其是“务工经商”的比例只有14.4%，比男性流动人口的对应比例低26个百分点。女性人口作为一种“附属”而流动的特点十分鲜明。

女性作为“附属”而流动的状况到1990年仍在持续，但已开始发生明显的变化。1990年，女性流动人口中的务工经商者上升到33.5%，婚姻迁入、投亲靠友、随迁家属的比重总和下降到了52%。

对于流动原因的调查始于1987年1%人口抽样调查。由于1987年、1990年和2000年普查(调查)的流动原因是指普查前五年内发生过迁移行为的流动人口的流动原因，为了便于比较，2005年数据中的流动原因只选取那些在普查前五年内发生过迁移行为的流动人口的流动原因。

进入新世纪之后，女性人口的流动原因构成发生了根本性变化。2000年，社会型流动人口在全部女性流动人口中所占比例降到37.08%，而经济型流动人口的比例则首次超过一半，达到58.08%。尤为突出的是，2000年，48.92%的女性因为“务工经商”而流动，该比例只比男性流动人口的对应比例低12个百分点。与此同时，因为学习培训而流动的女性也明显地有所增加。至此，女性作为独立的主体而参与人口流动的地位得以确立。

2.8流动方式的家庭化

近年来，人们普遍注意到了流动人口家庭化的趋势。尽管如何科学地测量家庭化仍有待进一步探讨，但我们认为，以下现象直接反映了这种趋势。

2.8.1 流动人口中的女性比例和规模均逐年升高

在80年代初期，流动人口中女性的比例比较高，其原因上文已经详细说明。我们从流动人口真正大规模出现的1990年开始观察，发现从1990年到2005年，流动人口中女性的比例由44.45%上升到了49.71%。女性流动人口的规模也从1982年的357万增长到了2005年的7000万。流动人口中的女性比例和规模均逐年升高正是流动人口家庭化的一个佐证。

表2-6-7 流动人口中女性的规模及其所占百分比

指 标	1982年	1987年	1990年	2000年	2005年
女性在流动人口中所占百分比(%)	54.35	51.43	44.45	48.25	49.71
女性流动人口规模(万人)	357	931	949	4935	7325

2.8.2 流动人口的已婚比例不断提高

在1990年之前，流动人口还没有大规模出现，流动人口的已婚比例比较高。1982年，已婚人口比例达到63.45%；1987年，该比例达到最高点，占到68.37%。

1990年，当“民工潮”开始涌现的时候，流动人口中的已婚人口比例下降到59.73%，到2000年，已婚人口比例又开始爬升，上升到64.84%，2005年则达到68.75%。与此相反，流动人口中未婚者的比例由1990年的36.1%下降到了29.1%。

表2–6–8 流动人口婚姻状况构成

单位：%

婚姻状况	1982年	1987年	1990年	2000年	2005年
未　婚	24.02	25.69	36.09	32.39	29.08
有配偶	63.45	68.37	59.73	64.84	68.41
丧　偶	11.55	5.38	3.57	0.67	0.73
离　婚	0.99	0.56	0.61	2.10	1.78
总　计	100	100	100	100	100

2.8.3 流动人口举家迁移的比例不断提高

四普数据表明，1990年，流动人口中只有7.44%是生活在纯粹由外来人口构成的家庭户(简称纯外户)中，而有近60%的人是迁入到常住户中，其余34%的流动人口则是迁入到集体户中。这表明，在80年代末90年代初，尽管当时人口流动的强度与规模比改革开放之初有了明显的加强，但流动人口仍然以个体流动为主，他们中的多数以住集体户或借助当地居民房屋为主，举家迁移的规模并不是很大。

但在2000年，迁入到纯外户中的流动人口的比例陡然上升到了46.06%，几乎提高了5倍，举家迁移成为流动人口的首要选择(周皓，2003)。

人口迁移的历史经验表明，人口迁移流动的先锋者往往是年龄较轻、身体较强、经济活动能力较高的人，他们离开自己的家庭，单枪匹马闯世界。但是随着时间变化、物质生活资料的积累以及人们对家庭生活的需要，便会开始大量出现投亲靠友的迁移流动。许多分离的夫妇与子女再度在迁入地团圆，因而出现合家同时迁移现象。我国人口流动

表2-6-9　1990年和2000年流动人口在三种户类型中的比例

单位：%

户　别	1990年			2000年		
	男	女	合计	男	女	合计
集体户	46.39	18.95	34.12	38.26	32.01	35.19
常住户	52.75	65.47	58.44	13.68	24.00	18.74
纯外户	0.86	15.57	7.44	48.06	43.99	46.06
合　计	100	100	100	100	100	100

注："纯外户"是指户主与配偶均为流动人口的家庭户；"常住户"是指户主或配偶为当地人的家庭户。

的家庭化现象，正是这一规律的反映。

2.9 学业构成的“知识化”

2.9.1 流动人口的受教育程度构成不断升级

30年来，我国流动人口的受教育水平迅速提高，呈现出明显的不断知识化的特点。具体表现在，1982年，流动人口主要以小学学历为主(比例达到39.30%)，初中学历的比例只有22.69%。而文盲的比例却高达28.56%。接受过高中或高等教育者极少，分别只占8.41%和1.04%。

到1987年，流动人口的学历构成以小学为主的特点仍未改变。但一个突出的变化是，文盲的比例大幅度下降，初中和高中的比例都有明显上升。

从1990年开始，流动人口的学历构成也进入了一个新的阶段。从1990年到2005年，流动人口中初中毕业生的比例上升到第一位，而且呈不断上升的趋势。同时，文盲的比例进一步下降，2005年，流动人口中文盲人口的比例已降到5%以下。

2.9.2 流动人口平均受教育年限不断提高

全国流动人口的平均受教育年限从1982年的5.58年增加到2005年的8.89年，即从1982年的平均不足小学毕业水平上升到2005年的接近初中毕业水平。23年内，流动人口的平均受教育年限增加了3.50年。

表2-6-10　6周岁以上流动人口受教育程度

单位：%

受教育程度	1982年	1987年	1990年	2000年	2005年
文　盲	28.56	16.10	12.54	4.76	4.81
小　学	39.30	35.23	32.53	26.26	23.33
初　中	22.69	33.95	41.35	45.43	47.41
高　中	8.41	12.73	11.58	18.81	17.21
大专及以上	1.04	1.98	2.00	4.75	7.24
其中：本　科				3.47	4.91
专　科				1.20	2.21
研究生				0.07	0.12
合　计	100	100	100	100	100
平均受教育年限(年)	5.58	7.01	7.38	8.66	8.89
全国平均受教育年限(年)	5.50	5.86	6.26	7.62	8.30

2.9.3 流动人口的平均受教育年限高于且提高速度快于全国平均水平

从表2-6-10可知，历年流动人口的平均受教育年限都高于全国人口的平均水平，这也从侧面反映了流动人口并非人们经常想当然地认为的“低素质”的群体。

随着我国教育事业的发展，特别是九年义务教育的普及，我国人口的平均受教育水平不断提高。流动人口的受教育水平也在不断提高，且提高速度快于全国水平，从1982年到2005年，全国人口的平均受教育年限每年提高0.12年，流动人口则平均每年提高0.14年。

2.9.4 较高受教育水平的流动人口不断增多

全国流动人口大专及以上的比率在不断上升。在1982年，大专及以上比率仅为1.04%，到了2005年，大专及以上的比率已大幅上升到7.24%。2000年和2005年普查(调查)可以提供更细致的分类数据，2000年的流动人口中有1.20%拥有大学本科学历，甚至还有0.07%拥有研究生学历。五年之后，这两个指标都升高了，2005年的流动人口中有2.21%拥有大学本科学历，0.12%拥有研究生学历。这些高学历的流动人口说明流动人口知识水平越来越高，而且也越来越多元化。

附录一

世界人口状况

世界人口状况

1.2007年世界人口达到66亿，年人口增长量为7000万，年人口增长率为1.1%

人类在进入20世纪时只有16亿人口，而在进入21世纪时则增长到61亿人口。过去半个世纪是世界人口增长最快、最多的时期，到2007年世界人口已达到66亿。

据美国人口咨询局最新估计和预测（见表1），2007年全球年中人口达到66.25亿，比2006年增加7000万，增长1.10%。其中发达国家人口在这一年增加了500万，增长0.41%；发展中国家人口增加了6500万人，增长1.22%。除中国以外的发展中国家人口增长率为1.44%，中国人口低增长对发展中地区人口增长率下降的贡献率超过15%。

表1显示，2006—2007年间世界人口增长中，92.86%发生在发展中国家，其中亚洲和非洲人口增长占世界人口增长的88.57%。据预测（见表1），到2050年世界人口将达到

表1 世界各地区年中人口数

单位：亿人

地 区	2006年	2007年	2050年
世 界	**65.55**	**66.25**	**92.94**
发达国家	12.16	12.21	12.59
发展中国家	53.39	54.04	80.36
除中国外的发展中国家	40.28	40.86	65.99
非 洲	9.24	9.44	19.53
北美洲	3.32	3.35	4.62
拉丁美洲和加勒比	5.66	5.69	7.84
大洋洲	0.34	0.35	0.49
亚 洲	39.68	40.1	53.78
欧 洲	7.32	7.33	6.69

资料来源：美国人口咨询局。《2006年世界人口数据表》和《2007年世界人口数据表》。

92.94亿，比2007年增加26.69亿，其中98.6%将发生在发展中国家。

各大洲的人口增长状况差别极大，欧洲是人口增长率最低的地区，2007年欧洲人口的微小增长完全是人口迁移的结果，其自然增长率在各大洲中是唯一的负值。在另一端，非洲人口增长率高达2.16%。2007年亚洲人口占世界人口64.62%，亚洲不仅是人口最多的地区，也是人口密度最高的地区（图1和图2）。

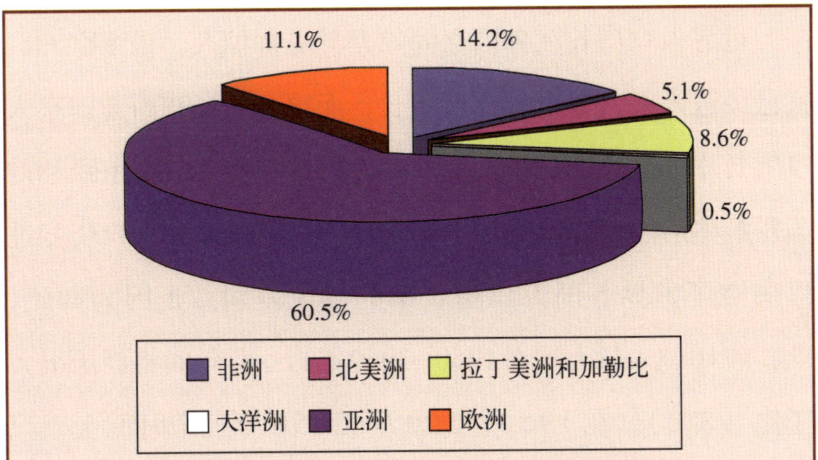

图1 2007年世界各大洲人口分布

资料来源：美国人口咨询局。《2007年世界人口数据表》。

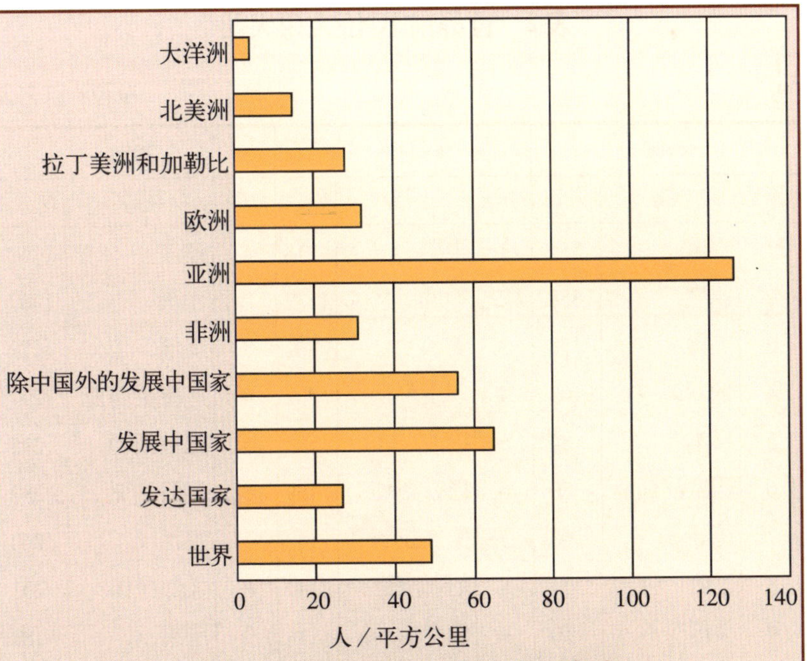

图2 2007年世界各地区人口密度

资料来源：美国人口咨询局。《2007年世界人口数据表》。

世界人口增长在各国之间的差异更加惊人。很多欧洲国家已经进入人口零增长或负增长，而很多非洲和西亚国家人口增长率还高达3%以上。人口负增长主要集中在东欧和前苏联解体后的一些国家。不同的社会经济条件和人口转变过程决定了世界各国人口增长率的巨大差别。正因为如此，世界前10位人口大国在1950–2050年的一百年间将经历很大变化（表2）。在1950、2007、2050年三个时间上，只有美国保持第三位不变，其他国家都将发生变动。尽管如此，在世界前10位人口大国中，主要都是亚洲国家；1950

表2　世界前10位人口大国

单位：百万人

1950			2007			2050		
序次	国家	人口	序次	国家	人口	序次	国家	人口
1	中国	555	1	中国	1318	1	印度	1747
2	印度	358	2	印度	1132	2	中国	1437
3	美国	158	3	美国	302	3	美国	420
4	俄罗斯	103	4	印度尼西亚	232	4	印度尼西亚	297
5	日本	84	5	巴西	189	5	巴基斯坦	295
6	印度尼西亚	80	6	巴基斯坦	169	6	尼日利亚	282
7	德国	68	7	孟加拉国	149	7	巴西	260
8	巴西	54	8	尼日利亚	142	8	孟加拉国	231
9	英国	50	9	俄罗斯	144	9	刚果	187
10	巴基斯坦	37	10	日本	128	10	菲律宾	150

资料来源：美国人口咨询局。《2007年世界人口数据表》。

年时有5个亚洲国家，2007年和2050年都有6个亚洲国家。在未来30年中国将被印度代替成为第二人口大国。1950年时世界前10位人口大国中还没有非洲国家，到2007年时有一个，到2050年时将增加到2个。与此相反，世界前10位人口大国中欧洲国家将由1950年的3个下降到2007年的1个，而到2050年将不再有欧洲国家。

2.2007年世界人口平均生育率为2.7，平均预期寿命为68岁；生育率最低和预期寿命最高的国家都在东亚地区

据美国人口咨询局的估计（见图3），2007年世界平均的总和生育率为2.7。发展中国家的平均生育水平是发达国家平均水平的1.8倍。非洲的生育率还高达5.0，而欧洲仅为1.5。其他各洲的生育率比较接近，尽管发展程度存在很大差异。在生育率转变的全球化过程中，生育率在世界各地普遍下降，但是由于各地生育率下降时间和速度不同，有的国家（比如一些南欧、东欧和东亚国家）降到了人类历史上从未有过的极低生育率水平（低于1.3），例如韩国的总和生育率已低达1.1；而另一些国家（比如一些西非、东非和西亚国家）生育率转变刚刚开始甚至还没有开始（高达6以上），例如尼日尔、几内亚比绍的总和生育率

都还高达7.1。因此，世界各国的生育率差异从来没有象今天这样巨大。值得注意的是，一些欧洲国家近年来生育率正在回升，其中若干极低生育率国家生育率已回升到1.4以上；而东亚若干国家和地区在达到极低生育率之后，生育率仍持续走低。除了中国香港和澳门特别行政区外，2007年韩国的生育率为世界最低。

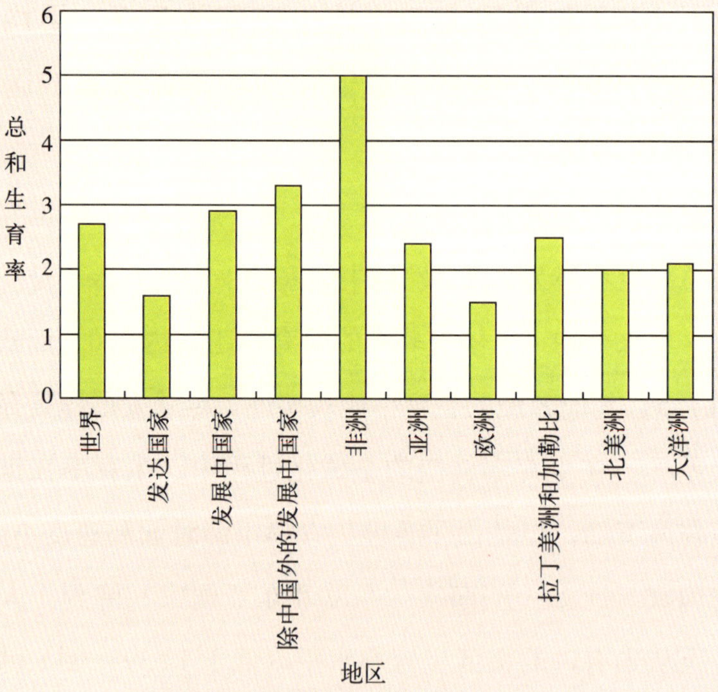

图3　2007年世界各地区生育率

资料来源：美国人口咨询局。《2007年世界人口数据表》。

与生育率类似，世界人口的死亡率在不断下降的同时，各大洲和不同国家之间存在巨大差异（图 4）。2007 年世界人口的平均预期寿命为 68 岁，发达国家的平均预期寿命要比发展中国家高 11 岁。在各大洲中，北美洲的平均预期寿命最高，为 78 岁；非洲的平均预期寿命最低，仅为 53 岁，要低于北美洲 25 岁。2007 年有 16 个发达国家的平均预期寿命达到或超过 80 岁，而有 6 个非洲国家的平均预期寿命还不

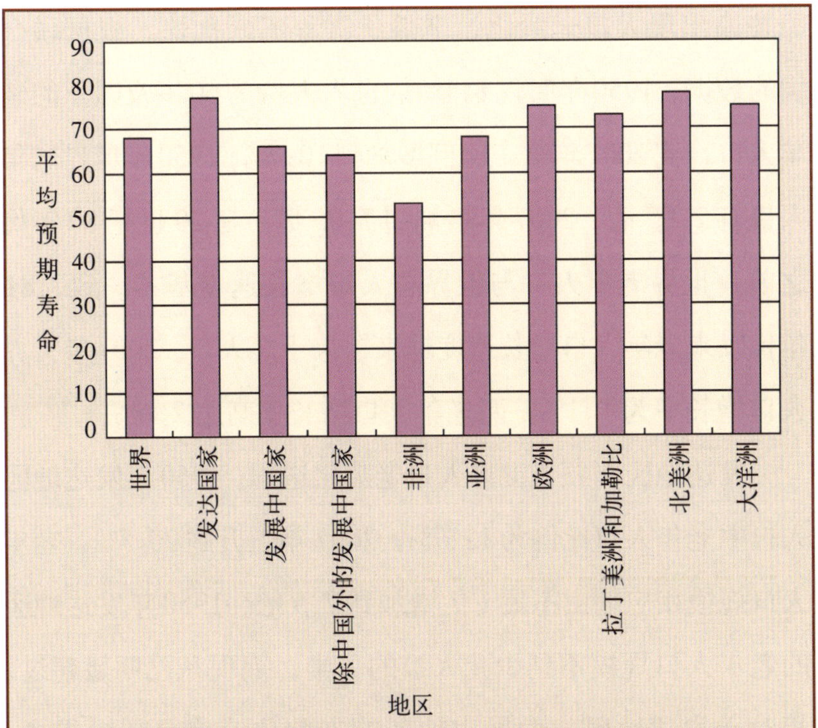

图 4　2007 年世界各地区平均预期寿命

资料来源：美国人口咨询局。《2007 年世界人口数据表》。

及这些发达国家的一半。日本是世界上平均预期寿命最高的国家，达到了82岁，其中男性79岁，女性86岁。斯威士兰是平均预期寿命最低的国家，仅33岁，其中男性33岁，女性34岁。

3.世界各国普遍老龄化，2007年全世界60岁及以上老年人口超过7亿人

随着生育率转变以及中老年死亡率的持续下降，世界各国普遍出现人口老龄化，老龄化进程不断加快。根据联合国的数据，1950年时仅8.1%的世界人口为60岁及以上的老年人口；到2007年这一比例增加到10.7%。1950年世界老年人口有2.05亿，2007年增加到7.05亿。在20世纪80年代之前，世界老年人口与世界总人口增长速度基本一致，80年代以来老年人口增长速度越来越快于总人口。2007年世界人口增长率为1.1%，而老年人口增长率高达2.6%。

发达地区引领着世界人口老龄化进程。1950年发达地区人口中老年人口比例为11.7%，2007年上升到20.7%；老年人口规模相应地由不足1亿增加到2.5亿。1950年发达地区的老年人口规模不到少儿人口的一半，而现在已明显超过。相对于发达地区，发展中地区的老龄化速度要缓慢得多。1950－2007年，发展中地区老年人口比重仅由6.4%上升到

8.4%。但是发展中地区老年人口增长速度则要明显快于发达地区，从1950－2007年，老年人口规模由1.1亿增加到4.5亿。1950年时发展中地区和发达地区的老年人口规模几乎相等，而到2007年发展中地区的老年人口规模达到了发达地区的1.8倍。

世界各大洲的老龄化程度差异很大（图5）。欧洲是老龄化最严重的地区，超过五分之一的人口为老年人口。实

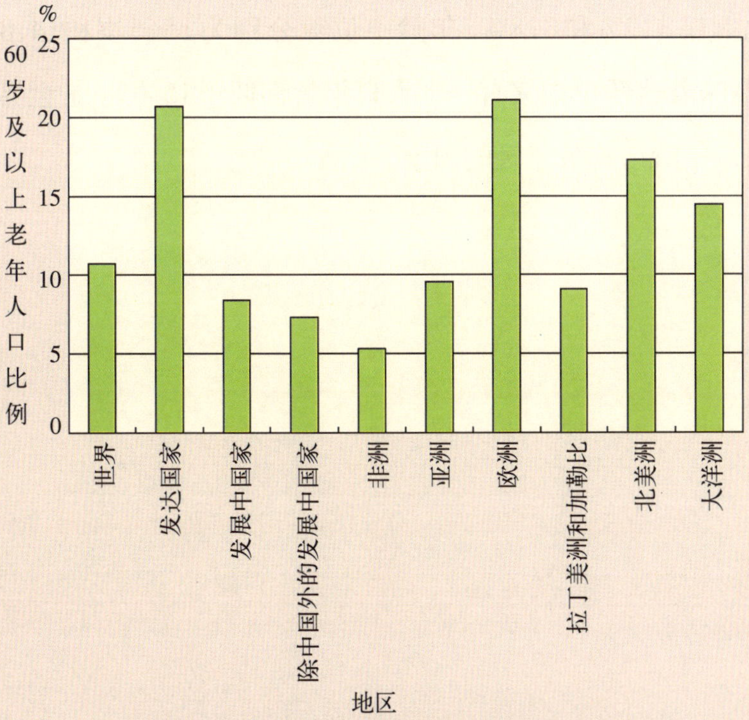

图5　2007年世界各地区老龄化程度

资料来源：联合国人口司。《2007世界人口老龄化》。

际上，在欧洲各年龄人口中，只有老年人口在不断增长。相反，非洲的人口年龄结构还非常年轻，老年人口比例只有5.3%。在世界各国中，日本是人口老龄化最严重的国家，2007年老年人口比重高达27.9%，年龄中位数高达42.9岁（也就是说日本有一半人口年龄超过43岁）。还有26个发达国家老年人口比重超过20%，这些国家的年龄中位数都超过39岁。在另一端，有44个发展中国家老年人口比重低达5%或以下，其中绝大部分是非洲国家。2007年尼日尔和乌干达的老年人口比例仅3.2%和3.8%，年龄中位数分别为15.5岁和14.8岁（意味着这两个国家有一半人口年龄都低于15岁），是世界上人口年龄结构最年轻的国家。

附录二

2007 年中国主要人口数据

表1 各地区人口数及人口自然变动情况

地区	出生率(‰)	死亡率(‰)	自然增长率(‰)	年末总人口(万人)
全国	**12.10**	**6.93**	**5.17**	**132129**
北京	8.32	4.92	3.40	1633
天津	7.91	5.86	2.05	1115
河北	13.33	6.78	6.55	6943
山西	11.30	5.97	5.33	3393
内蒙古	10.21	5.73	4.48	2405
辽宁	6.89	5.36	1.53	4298
吉林	7.55	5.05	2.50	2730
黑龙江	7.88	5.39	2.49	3824
上海	9.07	6.03	3.04	1858
江苏	9.37	7.07	2.30	7625
浙江	10.38	5.57	4.81	5060
安徽	12.75	6.40	6.35	6118
福建	11.90	5.90	6.00	3581
江西	13.86	5.99	7.87	4368
山东	11.11	6.11	5.00	9367
河南	11.26	6.32	4.94	9360
湖北	9.19	5.96	3.23	5699
湖南	11.96	6.71	5.25	6355
广东	11.96	4.66	7.30	9449
广西	14.19	5.99	8.20	4768
海南	14.62	5.71	8.91	845
重庆	10.10	6.30	3.80	2816
四川	9.21	6.29	2.92	8127
贵州	13.28	6.60	6.68	3762
云南	13.08	6.22	6.86	4514
西藏	16.40	5.10	11.30	284
陕西	10.21	6.16	4.05	3748
甘肃	13.14	6.65	6.49	2617
青海	14.93	6.13	8.80	552
宁夏	14.80	5.04	9.76	610
新疆	16.79	5.01	11.78	2095

注：1.全国数据根据抽样误差和调查误差进行了修正。2.全国数据为31个省、自治区、直辖市和中国人民解放军现役军人数据，不含台湾省、香港和澳门特别行政区的数据。分省数据中未包括中国人民解放军现役军人的数据。

表2 各地区城镇人口数及比重

单位：万人、%

地　区	年末总人口	城镇人口	城镇人口比重
全　国	**132129**	**59379**	**44.94**
北　京	1633	1380	84.50
天　津	1115	851	76.31
河　北	6943	2795	40.25
山　西	3393	1494	44.03
内蒙古	2405	1206	50.15
辽　宁	4298	2544	59.20
吉　林	2730	1451	53.16
黑龙江	3824	2061	53.90
上　海	1858	1648	88.70
江　苏	7625	4057	53.20
浙　江	5060	2894	57.20
安　徽	6118	2368	38.70
福　建	3581	1744	48.70
江　西	4368	1738	39.80
山　东	9367	4379	46.75
河　南	9360	3214	34.34
湖　北	5699	2525	44.30
湖　南	6355	2571	40.45
广　东	9449	5966	63.14
广　西	4768	1728	36.24
海　南	845	399	47.20
重　庆	2816	1361	48.34
四　川	8127	2893	35.60
贵　州	3762	1062	28.24
云　南	4514	1426	31.60
西　藏	284	80	28.30
陕　西	3748	1522	40.62
甘　肃	2617	827	31.59
青　海	552	221	40.07
宁　夏	610	269	44.02
新　疆	2095	820	39.15

注：本表数据根据2007年人口变动情况抽样调查数据推算。

表3 全国分年龄、性别的人口数

单位：人、%

年　龄	人口数			占总人口百分比			性别比(女=100)
	合计	男	女	合计	男	女	
总　计	**1188739**	**602740**	**585999**	**100.00**	**50.70**	**49.30**	**102.86**
0-4	**59996**	**33163**	**26833**	**5.05**	**2.79**	**2.26**	**123.59**
0	12520	6967	5553	1.05	0.59	0.47	125.48
1	11212	6216	4996	0.94	0.52	0.42	124.40
2	12097	6763	5334	1.02	0.57	0.45	126.79
3	12398	6790	5608	1.04	0.57	0.47	121.07
4	11770	6428	5342	0.99	0.54	0.45	120.32
5-9	**68202**	**37275**	**30927**	**5.74**	**3.14**	**2.60**	**120.53**
5	12706	6913	5793	1.07	0.58	0.49	119.32
6	13335	7201	6134	1.12	0.61	0.52	117.39
7	13882	7674	6207	1.17	0.65	0.52	123.63
8	13487	7336	6150	1.13	0.62	0.52	119.28
9	14793	8151	6642	1.24	0.69	0.56	122.73
10-14	**84278**	**45342**	**38936**	**7.09**	**3.81**	**3.28**	**116.45**
10	15294	8337	6957	1.29	0.70	0.59	119.84
11	16066	8658	7408	1.35	0.73	0.62	116.87
12	17176	9267	7909	1.44	0.78	0.67	117.16
13	17038	9164	7874	1.43	0.77	0.66	116.38
14	18704	9916	8787	1.57	0.83	0.74	112.85

注：本表是2007年全国人口变动情况抽样调查样本数据，抽样比为0.900‰（以下表同）。

续表1

单位：人、%

年 龄	人口数			占总人口百分比			性别比
	合计	男	女	合计	男	女	(女=100)
15-19	**98916**	**52436**	**46481**	**8.32**	**4.41**	**3.91**	**112.81**
15	18656	10142	8513	1.57	0.85	0.72	119.14
16	18758	9997	8761	1.58	0.84	0.74	114.11
17	22826	12248	10578	1.92	1.03	0.89	115.79
18	20616	10732	9883	1.73	0.90	0.83	108.59
19	18061	9316	8745	1.52	0.78	0.74	106.52
20-24	**78601**	**38520**	**40081**	**6.61**	**3.24**	**3.37**	**96.10**
20	18804	9519	9285	1.58	0.80	0.78	102.51
21	16432	7961	8471	1.38	0.67	0.71	93.99
22	14326	6961	7365	1.21	0.59	0.62	94.52
23	14468	6962	7507	1.22	0.59	0.63	92.74
24	14570	7117	7454	1.23	0.60	0.63	95.48
25-29	**76755**	**37245**	**39510**	**6.46**	**3.13**	**3.32**	**94.27**
25	16570	8024	8546	1.39	0.68	0.72	93.90
26	14848	7105	7743	1.25	0.60	0.65	91.76
27	14723	7238	7485	1.24	0.61	0.63	96.70
28	15430	7522	7908	1.30	0.63	0.67	95.12
29	15183	7355	7828	1.28	0.62	0.66	93.95

续表2

单位：人、%

年　龄	人口数			占总人口百分比			性别比(女=100)
	合计	男	女	合计	男	女	
30-34	**86753**	**42623**	**44130**	**7.30**	**3.59**	**3.71**	**96.59**
30	14726	7291	7435	1.24	0.61	0.63	98.07
31	16390	8074	8316	1.38	0.68	0.70	97.09
32	17157	8487	8670	1.44	0.71	0.73	97.88
33	18706	9207	9499	1.57	0.77	0.80	96.93
34	19775	9564	10211	1.66	0.80	0.86	93.67
35-39	**115391**	**57121**	**58270**	**9.71**	**4.81**	**4.90**	**98.03**
35	21126	10529	10597	1.78	0.89	0.89	99.36
36	22098	10977	11120	1.86	0.92	0.94	98.72
37	24494	12029	12464	2.06	1.01	1.05	96.51
38	22835	11264	11571	1.92	0.95	0.97	97.35
39	24839	12321	12518	2.09	1.04	1.05	98.42
40-44	**115847**	**57649**	**58198**	**9.75**	**4.85**	**4.90**	**99.06**
40	20435	10231	10204	1.72	0.86	0.86	100.27
41	23014	11357	11657	1.94	0.96	0.98	97.42
42	23466	11668	11798	1.97	0.98	0.99	98.90
43	22745	11303	11442	1.91	0.95	0.96	98.78
44	26188	13091	13097	2.20	1.10	1.10	99.95

续表3

单位：人、%

年龄	人口数			占总人口百分比			性别比(女=100)
	合计	男	女	合计	男	女	
45-49	**76085**	**37944**	**38140**	**6.40**	**3.19**	**3.21**	**99.49**
45	20121	9936	10185	1.69	0.84	0.86	97.56
46	11228	5485	5743	0.94	0.46	0.48	95.52
47	12916	6495	6421	1.09	0.55	0.54	101.16
48	14439	7276	7163	1.21	0.61	0.60	101.58
49	17382	8752	8629	1.46	0.74	0.73	101.42
50-54	**92481**	**46624**	**45858**	**7.78**	**3.92**	**3.86**	**101.67**
50	19694	10020	9675	1.66	0.84	0.81	103.56
51	17736	8887	8849	1.49	0.75	0.74	100.43
52	18960	9427	9533	1.59	0.79	0.80	98.89
53	18882	9514	9368	1.59	0.80	0.79	101.56
54	17208	8776	8432	1.45	0.74	0.71	104.07
55-59	**73224**	**36982**	**36243**	**6.16**	**3.11**	**3.05**	**102.04**
55	17802	8919	8883	1.50	0.75	0.75	100.41
56	14804	7392	7412	1.25	0.62	0.62	99.72
57	14654	7500	7154	1.23	0.63	0.60	104.83
58	13902	7072	6830	1.17	0.59	0.57	103.55
59	12063	6099	5964	1.01	0.51	0.50	102.27

续表 4

单位：人、%

年龄	人口数			占总人口百分比			性别比
	合计	男	女	合计	男	女	(女=100)
60-64	**50998**	**25948**	**25050**	**4.29**	**2.18**	**2.11**	**103.58**
60	12283	6282	6001	1.03	0.53	0.50	104.68
61	10767	5493	5275	0.91	0.46	0.44	104.13
62	9910	4921	4990	0.83	0.41	0.42	98.62
63	9411	4809	4602	0.79	0.40	0.39	104.48
64	8626	4444	4182	0.73	0.37	0.35	106.26
65-69	**39849**	**20296**	**19554**	**3.35**	**1.71**	**1.64**	**103.79**
65	8462	4296	4166	0.71	0.36	0.35	103.13
66	8378	4217	4161	0.70	0.35	0.35	101.36
67	8300	4260	4041	0.70	0.36	0.34	105.42
68	6933	3536	3397	0.58	0.30	0.29	104.11
69	7776	3986	3790	0.65	0.34	0.32	105.19
70-74	**33236**	**16385**	**16851**	**2.80**	**1.38**	**1.42**	**97.24**
70	7427	3747	3680	0.62	0.32	0.31	101.82
71	6948	3475	3473	0.58	0.29	0.29	100.04
72	6694	3326	3368	0.56	0.28	0.28	98.74
73	5958	2824	3134	0.50	0.24	0.26	90.12
74	6209	3014	3195	0.52	0.25	0.27	94.31

续表5

单位：人、%

年　龄	人口数			占总人口百分比			性别比(女=100)
	合计	男	女	合计	男	女	
75-79	**20985**	**10070**	**10915**	**1.77**	**0.85**	**0.92**	**92.26**
75	4999	2399	2600	0.42	0.20	0.22	92.26
76	4528	2265	2263	0.38	0.19	0.19	100.08
77	4622	2223	2399	0.39	0.19	0.20	92.64
78	3329	1534	1795	0.28	0.13	0.15	85.48
79	3507	1649	1858	0.30	0.14	0.16	88.79
80-84	**11302**	**4951**	**6352**	**0.95**	**0.42**	**0.53**	**77.95**
80	3206	1414	1792	0.27	0.12	0.15	78.89
81	2434	1059	1375	0.20	0.09	0.12	77.05
82	2137	956	1181	0.18	0.08	0.10	80.92
83	1965	854	1111	0.17	0.07	0.09	76.91
84	1561	668	893	0.13	0.06	0.08	74.81
85-89	**4436**	**1760**	**2676**	**0.37**	**0.15**	**0.23**	**65.79**
85	1328	567	761	0.11	0.05	0.06	74.44
86	1134	444	689	0.10	0.04	0.06	64.45
87	922	369	553	0.08	0.03	0.05	66.82
88	585	234	351	0.05	0.02	0.03	66.58
89	467	146	321	0.04	0.01	0.03	45.54
90-94	**1123**	**332**	**791**	**0.09**	**0.03**	**0.07**	**41.97**
90	377	120	258	0.03	0.01	0.02	46.52
91	270	83	187	0.02	0.01	0.02	44.31
92	196	45	150	0.02		0.01	30.22
93	164	46	118	0.01		0.01	38.54
94	116	38	78	0.01		0.01	49.15
95+	**280**	**75**	**206**	**0.02**	**0.01**	**0.02**	**36.22**

表4 各地区的年龄构成和抚养比

单位：人、%

地区	人口数				总抚养比	少儿抚养比	老年抚养比
	合计	0-14岁	15-64岁	65岁及以上			
全　国	**1188739**	**212476**	**865052**	**111212**	**37.42**	**24.56**	**12.86**
北　京	14554	1401	11669	1484	24.72	12.01	12.72
天　津	9896	1123	7699	1074	28.54	14.59	13.95
河　北	63501	10639	47235	5626	34.44	22.52	11.91
山　西	31069	6068	22733	2268	36.67	26.69	9.98
内蒙古	22066	3462	16802	1802	31.33	20.61	10.73
辽　宁	39317	4984	30152	4181	30.40	16.53	13.87
吉　林	25067	3286	19573	2208	28.07	16.79	11.28
黑龙江	35193	4630	27417	3147	28.36	16.89	11.48
上　海	16708	1331	12997	2381	28.56	10.24	18.32
江　苏	69503	9911	51841	7751	34.07	19.12	14.95
浙　江	45844	6721	34249	4874	33.86	19.62	14.23
安　徽	56247	11738	38600	5908	45.72	30.41	15.31
福　建	32754	5767	23686	3301	38.28	24.35	13.94
江　西	39945	9047	27323	3574	46.19	33.11	13.08
山　东	85696	13206	64140	8350	33.61	20.59	13.02

续表

单位：人、%

地区	人口数				总抚养比		
	合计	0-14岁	15-64岁	65岁及以上		少儿抚养比	老年抚养比
河南	86460	17613	62300	6546	38.78	28.27	10.51
湖北	52408	8230	38998	5179	34.39	21.10	13.28
湖南	58382	9796	42556	6031	37.19	23.02	14.17
广东	85649	16386	62959	6305	36.04	26.03	10.01
广西	43442	9517	29934	3991	45.12	31.79	13.33
海南	7696	1643	5371	682	43.29	30.59	12.70
重庆	25850	4892	17937	3020	44.11	27.27	16.84
四川	75201	14392	52547	8261	43.11	27.39	15.72
贵州	34587	9416	22302	2870	55.09	42.22	12.87
云南	41269	9297	28898	3074	42.81	32.17	10.64
西藏	2587	562	1853	172	39.57	30.31	9.26
陕西	34383	5968	25101	3313	36.98	23.78	13.20
甘肃	23990	4967	17146	1877	39.92	28.97	10.94
青海	5045	1131	3584	329	40.74	31.55	9.19
宁夏	5560	1305	3908	347	42.26	33.39	8.88
新疆	18872	4047	13540	1285	39.38	29.89	9.49

表5 各地区户数、人口数、平均家庭户规模和性别比

单位：户、人

地区	户数			人口数 合计			
	合计	家庭户	集体户	小计	男	女	性别比(女=100)
全国	**373387**	**367260**	**6127**	**1188739**	**602740**	**585999**	**102.86**
北京	5388	4978	410	14554	7243	7311	99.06
天津	3253	3197	56	9896	4956	4940	100.32
河北	19233	19188	45	63501	32330	31171	103.72
山西	9173	9106	67	31069	15829	15240	103.87
内蒙古	7441	7387	54	22066	11201	10865	103.08
辽宁	13479	13383	96	39317	19778	19539	101.22
吉林	8218	8191	27	25067	12697	12370	102.64
黑龙江	12038	12014	24	35193	17781	17412	102.12
上海	6281	6112	169	16708	8325	8384	99.29
江苏	23043	22575	468	69503	33967	35536	95.59
浙江	16015	15528	487	45844	23447	22397	104.68
安徽	18460	18393	67	56247	28463	27783	102.45
福建	10445	10174	271	32754	16463	16291	101.05
江西	11688	11635	53	39945	20425	19519	104.64
山东	29049	28746	303	85696	43033	42662	100.87

续表1

单位：户、人

地区	户数			人口数			
				合计			
	合计	家庭户	集体户	小计	男	女	性别比(女=100)
河南	25413	25389	24	86460	44047	42412	103.85
湖北	16802	16487	315	52408	26640	25767	103.39
湖南	18413	18220	193	58382	30075	28307	106.25
广东	24792	22254	2538	85649	43606	42043	103.72
广西	12082	12021	61	43442	22617	20824	108.61
海南	1992	1952	40	7696	4030	3666	109.95
重庆	8883	8816	67	25850	13088	12762	102.56
四川	24827	24750	77	75201	37813	37388	101.14
贵州	9763	9741	22	34587	17888	16699	107.12
云南	11279	11169	110	41269	21266	20003	106.32
西藏	550	550		2587	1270	1317	96.40
陕西	10654	10602	52	34383	17324	17059	101.55
甘肃	6496	6494	2	23990	12162	11828	102.82
青海	1381	1371	10	5045	2556	2488	102.74
宁夏	1525	1520	5	5560	2822	2738	103.08
新疆	5332	5317	15	18872	9597	9275	103.47

续表2

单位：户、人

地区	人口数			
	家庭户人口数			
	小计	男	女	性别比(女=100)
全 国	**1164248**	**589487**	**574761**	**102.56**
北 京	13216	6560	6656	98.56
天 津	9602	4785	4817	99.33
河 北	63385	32272	31113	103.73
山 西	30601	15594	15007	103.91
内蒙古	21867	11155	10712	104.13
辽 宁	38923	19563	19361	101.04
吉 林	24936	12599	12337	102.12
黑龙江	35108	17708	17400	101.77
上 海	16178	8009	8169	98.05
江 苏	67397	33007	34389	95.98
浙 江	44173	22354	21820	102.45
安 徽	55931	28436	27495	103.42
福 建	31581	15778	15803	99.84
江 西	39795	20324	19471	104.38
山 东	84557	42256	42300	99.90

续表3

单位：户、人

地区	人口数			
	家庭户人口数			
	小计	男	女	性别比(女=100)
河南	86347	43978	42369	103.80
湖北	50972	25937	25035	103.60
湖南	57785	29627	28158	105.22
广东	75458	38262	37196	102.86
广西	42980	22322	20658	108.06
海南	7511	3927	3583	109.59
重庆	25669	12995	12673	102.54
四川	74924	37654	37270	101.03
贵州	34521	17852	16669	107.10
云南	40767	21002	19765	106.26
西藏	2587	1270	1317	96.40
陕西	34130	17194	16936	101.52
甘肃	23980	12159	11820	102.87
青海	5003	2531	2472	102.41
宁夏	5539	2810	2730	102.94
新疆	18827	9567	9259	103.33

续表 4

单位：户、人

地区	人口数				平均家庭户规模(人/户)
	集体户人口数				
	小计	男	女	性别比(女=100)	
全国	**24491**	**13252**	**11239**	**117.92**	**3.17**
北京	1338	682	656	104.08	2.65
天津	295	171	123	139.04	3.00
河北	116	57	58	98.34	3.30
山西	468	235	233	101.10	3.36
内蒙古	199	46	153	29.92	2.96
辽宁	394	215	179	120.44	2.91
吉林	131	98	33	293.03	3.04
黑龙江	85	73	12	614.29	2.92
上海	530	315	215	146.56	2.65
江苏	2106	960	1146	83.72	2.99
浙江	1671	1093	578	189.19	2.84
安徽	316	27	289	9.50	3.04
福建	1173	684	488	140.19	3.10
江西	149	102	48	212.54	3.42
山东	1139	777	362	214.79	2.94

续表5

单位：户、人

地区	人口数				平均家庭户规模（人/户）
	集体户人口数				
	小计	男	女	性别比（女=100）	
河南	112	69	43	160.94	3.40
湖北	1436	703	732	96.02	3.09
湖南	598	448	150	299.77	3.17
广东	10191	5344	4847	110.26	3.39
广西	462	295	166	177.32	3.58
海南	185	103	82	125.52	3.85
重庆	181	93	88	105.32	2.91
四川	277	159	118	134.92	3.03
贵州	66	36	30	120.41	3.54
云南	502	264	238	111.15	3.65
西藏					4.70
陕西	253	130	123	105.67	3.22
甘肃	10	2	8	28.81	3.69
青海	42	25	17	151.56	3.65
宁夏	21	12	8	147.94	3.64
新疆	45	29	16	188.29	3.54

表6 各地区按家庭户规模分的户数

单位：户

地 区	合 计	一人户	二人户	三人户	四人户	五人户
全 国	**367260**	**32850**	**89708**	**111498**	**76715**	**37141**
北 京	4978	744	1567	1792	530	260
天 津	3197	236	779	1360	471	286
河 北	19188	1399	4482	5139	4827	2128
山 西	9106	650	1812	2674	2330	1041
内蒙古	7387	515	2068	2835	1337	461
辽 宁	13383	1091	3881	5199	1899	1051
吉 林	8191	486	2236	3158	1360	715
黑龙江	12014	895	3630	4574	1667	997
上 海	6112	913	1885	2311	579	339
江 苏	22575	2536	6176	7134	3589	2380
浙 江	15528	2062	4507	4909	2398	1233
安 徽	18393	1816	4827	5568	4067	1432
福 建	10174	1289	2406	2852	1999	1077
江 西	11635	733	2387	3374	2783	1565
山 东	28746	2684	8136	9797	5362	2052

续表1

单位：户

地区	合计	一人户	二人户	三人户	四人户	五人户
河南	25389	1651	4933	6875	7427	2972
湖北	16487	1273	4313	5465	3396	1400
湖南	18220	1500	4469	5469	4145	1790
广东	22254	2776	4809	4941	4525	2749
广西	12021	750	2116	3130	3305	1636
海南	1952	109	290	425	531	330
重庆	8816	1085	2535	2573	1677	690
四川	24750	2599	6604	7449	5024	2105
贵州	9741	714	1867	2401	2434	1359
云南	11169	616	1872	2723	3116	1739
西藏	550	37	55	84	111	94
陕西	10602	807	2508	3297	2313	1084
甘肃	6494	361	1045	1645	1732	970
青海	1371	104	238	368	307	188
宁夏	1520	65	285	442	330	221
新疆	5317	352	994	1537	1147	798

续表2

单位：户

地 区	六人户	七人户	八人户	九人户	十人及以上户
全 国	**13763**	**3588**	**1274**	**413**	**310**
北 京	67	13	4		1
天 津	50	12	3	1	
河 北	947	190	55	13	8
山 西	469	94	24	7	6
内蒙古	141	25	4	1	
辽 宁	221	32	7	1	
吉 林	186	39	8	3	1
黑龙江	201	35	13	2	1
上 海	61	16	5	1	2
江 苏	564	126	54	10	5
浙 江	348	46	18	4	2
安 徽	502	143	29	8	2
福 建	402	94	29	14	10
江 西	522	161	72	22	18
山 东	564	109	32	9	2

续表3

单位：户

地区	六人户	七人户	八人户	九人户	十人及以上户
河南	1203	230	79	21	
湖北	485	86	53	10	6
湖南	631	139	53	16	9
广东	1470	585	250	66	83
广西	690	222	100	39	33
海南	167	60	25	6	9
重庆	194	37	20	4	2
四川	731	175	40	17	6
贵州	622	221	72	34	16
云南	808	192	59	28	15
西藏	60	42	27	21	19
陕西	460	96	26	4	6
甘肃	511	149	45	20	15
青海	90	39	18	9	11
宁夏	121	38	11	5	3
新疆	275	139	39	16	20

表7 各地区分性别、受教育程度的人口

单位：人

地区	6岁及以上人口			不识字或识字很少		
	合计	男	女	小计	男	女
全国	**1116037**	**562664**	**553373**	**89448**	**24528**	**64920**
北京	13984	6951	7033	490	115	375
天津	9517	4756	4762	457	122	334
河北	59018	29906	29112	3674	983	2691
山西	29277	14897	14379	1191	343	848
内蒙古	20920	10582	10338	1669	520	1149
辽宁	37666	18914	18751	1519	417	1102
吉林	23898	12078	11819	1133	359	773
黑龙江	33610	16953	16657	1527	445	1082
上海	16199	8052	8147	701	128	573
江苏	65988	31982	34006	5296	1230	4067
浙江	43378	22101	21277	4172	1055	3117
安徽	52212	26049	26163	7815	2200	5615
福建	30699	15349	15350	3231	682	2548
江西	36534	18428	18106	2429	567	1863
山东	80466	40137	40328	6477	1589	4888

续表1

单位：人

地区	6岁及以上人口			不识字或识字很少		
	合计	男	女	小计	男	女
河南	80045	40425	39620	5969	1741	4228
湖北	49735	25209	24527	4152	1125	3026
湖南	54867	28088	26779	2996	819	2176
广东	80650	40888	39762	3330	701	2629
广西	40026	20747	19279	2241	601	1639
海南	7139	3719	3421	550	135	415
重庆	24352	12282	12070	1785	508	1277
四川	70787	35415	35372	7039	2053	4986
贵州	31909	16345	15564	4512	1257	3255
云南	38261	19658	18602	5467	1725	3741
西藏	2401	1178	1223	827	321	506
陕西	32678	16365	16314	2737	803	1934
甘肃	22562	11386	11175	3866	1238	2627
青海	4679	2368	2311	781	246	535
宁夏	5117	2584	2533	617	180	436
新疆	17464	8871	8593	801	318	484

续表2

单位：人

地区	小学			初中		
	小计	男	女	小计	男	女
全国	**354873**	**169833**	**185041**	**448897**	**242231**	**206667**
北京	1850	863	987	4225	2241	1984
天津	1789	840	949	3546	1893	1653
河北	17772	8369	9402	28441	15400	13041
山西	7743	3662	4082	13997	7441	6556
内蒙古	6249	2936	3313	8315	4620	3695
辽宁	9818	4661	5156	17137	8944	8192
吉林	6576	3111	3466	10382	5524	4858
黑龙江	8995	4118	4877	15766	8440	7326
上海	2326	1044	1283	5490	2804	2686
江苏	18943	8503	10439	26528	13595	12933
浙江	14599	7305	7294	15389	8489	6900
安徽	16923	8228	8695	20393	11533	8859
福建	11328	5264	6063	10268	5899	4369
江西	13306	6118	7188	12901	7046	5855
山东	22941	10144	12797	35648	19166	16482

续表3

单位：人

地区	小学			初中		
	小计	男	女	小计	男	女
河南	21676	10287	11388	38945	20520	18424
湖北	14433	6863	7570	19226	10563	8662
湖南	17783	8536	9247	22447	11990	10457
广东	23909	10940	12969	35053	18351	16701
广西	14229	6841	7387	17658	9816	7842
海南	1996	949	1047	3150	1701	1449
重庆	9846	4930	4916	9094	4836	4258
四川	29681	14971	14710	24094	12823	11272
贵州	14127	7220	6907	9921	5896	4025
云南	18081	9418	8663	10533	6232	4301
西藏	1164	628	536	311	177	134
陕西	9414	4443	4971	12804	6799	6005
甘肃	7765	3846	3920	7277	4113	3164
青海	1784	919	865	1269	738	531
宁夏	1679	818	861	1803	1011	792
新疆	6149	3056	3093	6888	3630	3258

续表 4

单位：人

地区	高中			大专及以上		
	小计	男	女	小计	男	女
全　国	**149635**	**85386**	**64249**	**73184**	**40687**	**32497**
北　京	3207	1593	1614	4213	2140	2072
天　津	2227	1134	1094	1498	765	732
河　北	6678	3869	2809	2454	1285	1169
山　西	4241	2393	1848	2105	1059	1046
内蒙古	3128	1728	1400	1560	777	783
辽　宁	5427	2890	2537	3765	2002	1764
吉　林	4017	2070	1947	1790	1014	775
黑龙江	5170	2771	2399	2151	1179	974
上　海	4223	2170	2053	3457	1907	1552
江　苏	9866	5730	4136	5355	2925	2431
浙　江	5490	3095	2394	3727	2156	1571
安　徽	5028	2981	2046	2054	1107	947
福　建	4132	2480	1652	1741	1023	717
江　西	5261	3070	2190	2638	1628	1010
山　东	10747	6387	4360	4652	2851	1801

续表5

单位：人

地区	高中			大专及以上		
	小计	男	女	小计	男	女
河南	10219	6058	4161	3237	1818	1419
湖北	7866	4538	3328	4057	2119	1940
湖南	8258	4694	3564	3384	2050	1335
广东	13151	7977	5174	5207	2918	2288
广西	4293	2597	1696	1606	891	714
海南	996	659	337	447	274	173
重庆	2707	1496	1211	918	512	407
四川	7071	3895	3177	2901	1674	1227
贵州	2324	1366	958	1026	607	419
云南	2640	1439	1202	1540	845	695
西藏	70	38	32	29	14	15
陕西	5199	2890	2309	2525	1431	1093
甘肃	2790	1673	1117	864	517	348
青海	514	280	235	331	185	145
宁夏	637	357	281	380	217	163
新疆	2057	1070	987	1567	796	771

表8 各地区分性别的15岁及15岁以上文盲人口

单位：人

地 区	15岁及以上人口			文盲人口		
	合计	男	女	合计	男	女
全 国	**976263**	**486960**	**489304**	**82044**	**21180**	**60865**
北 京	13153	6509	6645	440	99	341
天 津	8773	4359	4414	338	75	263
河 北	52862	26507	26355	3303	800	2504
山 西	25001	12684	12317	1066	289	777
内蒙古	18604	9374	9230	1532	456	1076
辽 宁	34334	17168	17165	1289	320	969
吉 林	21781	10984	10797	992	291	701
黑龙江	30563	15366	15197	1333	366	967
上 海	15378	7611	7767	621	106	515
江 苏	59592	28460	31131	4883	1040	3843
浙 江	39123	19823	19300	3960	961	3000
安 徽	44509	21805	22704	7489	2035	5454
福 建	26987	13309	13678	3022	601	2421
江 西	30897	15243	15655	2225	459	1767
山 东	72490	35954	36535	5950	1388	4562

续表1

单位：人

地区	15岁及以上人口			文盲人口		
	合计	男	女	合计	男	女
河南	68846	34050	34797	5449	1496	3953
湖北	44177	22140	22037	3843	1022	2821
湖南	48587	24657	23930	2601	637	1964
广东	69264	34726	34538	2850	513	2338
广西	33925	17406	16519	1976	456	1520
海南	6053	3111	2941	517	116	401
重庆	20957	10445	10512	1677	452	1225
四川	60809	30125	30684	6461	1784	4677
贵州	25171	12705	12466	4177	1072	3105
云南	31972	16278	15694	5158	1590	3569
西藏	2025	985	1040	745	279	466
陕西	28415	14068	14347	2525	713	1813
甘肃	19023	9503	9519	3677	1145	2532
青海	3914	1966	1947	720	216	505
宁夏	4255	2137	2118	587	167	420
新疆	14825	7501	7324	637	238	399

续表 2

单位：%

地区	文盲人口占15岁及以上人口的比重		
	合计	男	女
全　国	**8.40**	**4.35**	**12.44**
北　京	3.34	1.52	5.13
天　津	3.85	1.72	5.95
河　北	6.25	3.02	9.50
山　西	4.26	2.28	6.31
内蒙古	8.23	4.86	11.65
辽　宁	3.76	1.86	5.65
吉　林	4.55	2.65	6.49
黑龙江	4.36	2.38	6.36
上　海	4.04	1.40	6.63
江　苏	8.19	3.66	12.35
浙　江	10.12	4.85	15.54
安　徽	16.83	9.33	24.02
福　建	11.20	4.52	17.70
江　西	7.20	3.01	11.29
山　东	8.21	3.86	12.49

续表3

单位：%

地区	文盲人口占15岁及以上人口的比重		
	合计	男	女
河南	7.91	4.39	11.36
湖北	8.70	4.62	12.80
湖南	5.35	2.58	8.21
广东	4.12	1.48	6.77
广西	5.82	2.62	9.20
海南	8.54	3.74	13.62
重庆	8.00	4.33	11.65
四川	10.62	5.92	15.24
贵州	16.59	8.44	24.91
云南	16.13	9.77	22.74
西藏	36.77	28.32	44.77
陕西	8.89	5.07	12.64
甘肃	19.33	12.04	26.60
青海	18.40	10.97	25.91
宁夏	13.80	7.82	19.83
新疆	4.29	3.17	5.45

表9 各地区分性别、婚姻状况的人口

单位：人

地区	15岁及以上人口			未婚		
	合计	男	女	小计	男	女
全国	**976263**	**486960**	**489304**	**187773**	**108859**	**78913**
北京	13153	6509	6645	3214	1696	1518
天津	8773	4359	4414	1750	937	813
河北	52862	26507	26355	9955	5702	4253
山西	25001	12684	12317	4980	2863	2117
内蒙古	18604	9374	9230	3171	1809	1362
辽宁	34334	17168	17165	5698	3299	2400
吉林	21781	10984	10797	3626	2105	1520
黑龙江	30563	15366	15197	4650	2729	1920
上海	15378	7611	7767	2991	1661	1330
江苏	59592	28460	31131	10206	5685	4520
浙江	39123	19823	19300	6743	4136	2607
安徽	44509	21805	22704	7752	4331	3421
福建	26987	13309	13678	5377	3025	2352
江西	30897	15243	15655	5132	3054	2078
山东	72490	35954	36535	12689	7235	5454

续表1

单位：人

地区	15岁及以上人口			未婚		
	合计	男	女	小计	男	女
河南	68846	34050	34797	13794	7782	6012
湖北	44177	22140	22037	8611	5013	3599
湖南	48587	24657	23930	9061	5601	3460
广东	69264	34726	34538	19963	11078	8884
广西	33925	17406	16519	7933	4965	2968
海南	6053	3111	2941	1592	992	599
重庆	20957	10445	10512	3046	1808	1238
四川	60809	30125	30684	9581	5776	3804
贵州	25171	12705	12466	4877	2925	1953
云南	31972	16278	15694	6486	4019	2467
西藏	2025	985	1040	665	369	296
陕西	28415	14068	14347	5287	3069	2218
甘肃	19023	9503	9519	4046	2331	1715
青海	3914	1966	1947	738	436	302
宁夏	4255	2137	2118	840	481	359
新疆	14825	7501	7324	3320	1949	1371

续表2

单位：人

地区	初婚有配偶			再婚有配偶		
	小计	男	女	小计	男	女
全国	**703008**	**345510**	**357498**	**17338**	**8132**	**9206**
北京	9043	4488	4555	194	100	94
天津	6336	3174	3162	109	51	58
河北	38765	19147	19618	1003	449	554
山西	18081	9027	9054	554	244	310
内蒙古	13901	6948	6953	407	173	234
辽宁	25191	12496	12694	675	319	356
吉林	16049	7997	8052	493	228	264
黑龙江	22849	11374	11474	720	356	364
上海	10913	5441	5472	258	127	131
江苏	44032	20957	23076	971	427	544
浙江	28947	14484	14463	634	292	342
安徽	32811	15952	16858	655	289	366
福建	19255	9504	9751	361	166	195
江西	23178	11322	11856	496	232	264
山东	54099	26633	27466	1208	517	691

续表3

单位：人

地区	初婚有配偶			再婚有配偶		
	小计	男	女	小计	男	女
河　南	50036	24321	25714	955	448	507
湖　北	31242	15318	15923	898	445	453
湖　南	35018	17320	17698	771	385	387
广　东	45455	22379	23075	423	221	202
广　西	23164	11447	11717	461	208	253
海　南	4017	1980	2037	76	38	38
重　庆	15543	7675	7869	509	213	296
四　川	44541	21675	22866	1336	596	740
贵　州	17810	8801	9009	491	249	242
云　南	22600	11147	11453	639	312	327
西　藏	1141	543	598	14	7	7
陕　西	20614	10013	10601	453	203	250
甘　肃	13405	6542	6863	231	115	116
青　海	2754	1367	1387	93	46	47
宁　夏	3133	1551	1582	68	36	32
新　疆	9087	4488	4599	1181	639	542

续表4

单位：人

地区	离婚			丧偶		
	小计	男	女	小计	男	女
全国	**10694**	**6532**	**4162**	**57450**	**17926**	**39524**
北京	176	81	94	527	143	383
天津	109	52	56	470	145	325
河北	393	275	117	2746	934	1812
山西	221	164	57	1165	386	779
内蒙古	216	134	82	909	310	599
辽宁	821	457	364	1949	597	1352
吉林	454	269	186	1160	386	774
黑龙江	672	401	271	1674	505	1168
上海	349	174	176	867	209	658
江苏	472	317	155	3910	1074	2836
浙江	493	317	176	2305	593	1712
安徽	367	261	106	2924	971	1953
福建	208	150	58	1787	465	1321
江西	279	168	111	1812	467	1345
山东	400	258	143	4093	1312	2782

续表5

单位：人

地区	离婚			丧偶		
	小计	男	女	小计	男	女
河南	423	296	128	3638	1203	2435
湖北	508	308	200	2919	1057	1862
湖南	582	356	226	3154	996	2159
广东	367	209	157	3056	837	2219
广西	250	172	78	2118	614	1504
海南	41	24	18	327	78	249
重庆	337	196	141	1522	553	969
四川	714	461	252	4637	1617	3021
贵州	301	194	106	1692	536	1156
云南	384	229	155	1863	572	1291
西藏	53	15	38	151	51	100
陕西	265	176	89	1795	606	1189
甘肃	180	112	68	1161	403	758
青海	91	43	48	238	75	163
宁夏	41	21	19	174	48	126
新疆	528	241	287	708	183	525

表10 全国15岁及15岁以上人口分年龄、性别的婚姻状况

单位：人

年龄	15岁及以上人口			未婚		
	合计	男	女	小计	男	女
总计	**976263**	**486960**	**489304**	**187773**	**108859**	**78913**
15-19	**98916**	**52436**	**46481**	**97115**	**51654**	**45461**
15	18656	10142	8513	18524	10045	8479
16	18758	9997	8761	18596	9888	8708
17	22826	12248	10578	22575	12114	10461
18	20616	10732	9883	20141	10561	9580
19	18061	9316	8745	17279	9046	8233
20-24	**78601**	**38520**	**40081**	**55779**	**30867**	**24911**
20	18804	9519	9285	16888	8995	7892
21	16432	7961	8471	13328	7183	6144
22	14326	6961	7365	10069	5613	4457
23	14468	6962	7507	8446	4875	3571
24	14570	7117	7454	7048	4201	2846
25-29	**76755**	**37245**	**39510**	**18321**	**12113**	**6208**
25	16570	8024	8546	6374	3918	2456
26	14848	7105	7743	4400	2843	1557
27	14723	7238	7485	3213	2225	988
28	15430	7522	7908	2503	1814	688
29	15183	7355	7828	1831	1313	519

续表1

单位：人

年龄	15岁及以上人口			未婚		
	合计	男	女	小计	男	女
30-34	**86753**	**42623**	**44130**	**5683**	**4457**	**1226**
30	14726	7291	7435	1489	1133	356
31	16390	8074	8316	1266	977	289
32	17157	8487	8670	1081	842	239
33	18706	9207	9499	950	782	168
34	19775	9564	10211	897	723	173
35-39	**115391**	**57121**	**58270**	**3315**	**2815**	**500**
35	21126	10529	10597	850	714	136
36	22098	10977	11120	725	598	126
37	24494	12029	12464	699	596	104
38	22835	11264	11571	548	480	68
39	24839	12321	12518	494	427	67
40-44	**115847**	**57649**	**58198**	**1943**	**1722**	**221**
40	20435	10231	10204	435	373	62
41	23014	11357	11657	411	372	39
42	23466	11668	11798	391	352	39
43	22745	11303	11442	362	318	44
44	26188	13091	13097	344	307	37
45-49	**76085**	**37944**	**38140**	**1107**	**1005**	**102**
45	20121	9936	10185	290	254	36
46	11228	5485	5743	145	137	9
47	12916	6495	6421	182	169	13
48	14439	7276	7163	222	198	24
49	17382	8752	8629	267	247	20

续表 2

单位：人

年龄	15岁及以上人口			未婚		
	合计	男	女	小计	男	女
50-54	**92481**	**46624**	**45858**	**1395**	**1302**	**93**
50	19694	10020	9675	307	290	17
51	17736	8887	8849	280	265	15
52	18960	9427	9533	276	255	21
53	18882	9514	9368	274	252	22
54	17208	8776	8432	257	241	17
55-59	**73224**	**36982**	**36243**	**1135**	**1064**	**72**
55	17802	8919	8883	263	248	15
56	14804	7392	7412	231	214	17
57	14654	7500	7154	226	212	14
58	13902	7072	6830	227	214	13
59	12063	6099	5964	189	175	14
60-64	**50998**	**25948**	**25050**	**783**	**736**	**47**
60	12283	6282	6001	202	182	20
61	10767	5493	5275	142	134	8
62	9910	4921	4990	169	161	8
63	9411	4809	4602	141	132	9
64	8626	4444	4182	129	127	3
65+	**111212**	**53869**	**57343**	**1196**	**1124**	**72**

续表 3

单位：人

年龄	初婚有配偶			再婚有配偶		
	小计	男	女	小计	男	女
总计	**703008**	**345510**	**357498**	**17338**	**8132**	**9206**
15-19	**1630**	**655**	**975**	**97**	**74**	**23**
15	102	75	27	19	14	6
16	125	80	45	25	19	5
17	217	109	108	18	15	3
18	439	143	296	18	15	3
19	747	248	499	17	12	5
20-24	**22412**	**7464**	**14948**	**176**	**69**	**107**
20	1874	499	1375	19	13	6
21	3040	750	2291	25	12	12
22	4181	1318	2864	32	12	20
23	5916	2047	3869	46	11	36
24	7400	2851	4550	54	21	33
25-29	**57092**	**24496**	**32596**	**552**	**208**	**343**
25	10003	4025	5978	84	32	52
26	10243	4168	6075	90	30	59
27	11252	4890	6362	110	38	72
28	12590	5558	7032	135	49	86
29	13004	5854	7150	133	59	75

续表4

单位：人

年龄	初婚有配偶			再婚有配偶		
	小计	男	女	小计	男	女
30-34	**78281**	**36767**	**41513**	**1204**	**497**	**707**
30	12847	5950	6897	156	76	79
31	14643	6865	7778	209	79	130
32	15495	7352	8143	258	107	151
33	17116	8099	9017	282	122	160
34	18179	8500	9679	299	113	186
35-39	**106901**	**51764**	**55137**	**2414**	**983**	**1431**
35	19440	9407	10033	364	143	221
36	20440	9899	10541	437	186	250
37	22711	10897	11815	542	229	313
38	21187	10254	10933	497	193	304
39	23122	11308	11815	574	232	342
40-44	**107452**	**52863**	**54590**	**2851**	**1263**	**1588**
40	18911	9310	9601	512	228	284
41	21384	10400	10984	544	252	292
42	21875	10742	11133	562	247	315
43	21069	10365	10705	542	239	303
44	24213	12047	12167	691	296	395
45-49	**69934**	**34630**	**35304**	**2001**	**932**	**1069**
45	18547	9105	9442	519	233	286
46	10383	5035	5349	294	122	171
47	11896	5939	5957	304	151	153
48	13246	6611	6635	407	204	203
49	15862	7941	7921	477	222	255

续表5

单位：人

年龄	初婚有配偶			再婚有配偶		
	小计	男	女	小计	男	女
50-54	**83885**	**42265**	**41619**	**2305**	**1079**	**1226**
50	17982	9097	8885	495	242	253
51	16110	8062	8049	461	202	259
52	17268	8597	8671	459	211	248
53	17028	8610	8418	465	213	252
54	15497	7900	7597	426	211	215
55-59	**64604**	**32959**	**31645**	**1896**	**901**	**994**
55	15965	8033	7932	490	229	261
56	13167	6620	6547	370	173	197
57	12906	6673	6234	373	193	180
58	12096	6241	5856	368	168	199
59	10468	5392	5076	294	138	156
60-64	**42339**	**22357**	**19983**	**1307**	**660**	**647**
60	10405	5441	4963	302	162	140
61	9078	4796	4282	268	138	130
62	8222	4235	3987	269	134	135
63	7703	4098	3605	243	121	121
64	6932	3787	3145	226	105	120
65+	**68479**	**39290**	**29189**	**2536**	**1467**	**1069**

续表6

单位：人

年龄	离婚			丧偶		
	小计	男	女	小计	男	女
总计	**10694**	**6532**	**4162**	**57450**	**17926**	**39524**
15-19	**61**	**44**	**17**	**14**	**9**	**5**
15	7	6		4	2	2
16	7	6	1	5	4	1
17	16	10	5			
18	15	11	4	4	3	
19	17	11	6	1		1
20-24	**198**	**102**	**96**	**36**	**18**	**18**
20	21	9	11	3	2	1
21	31	13	18	8	3	5
22	39	16	23	5	3	1
23	48	23	25	12	6	6
24	59	40	19	10	4	6
25-29	**690**	**393**	**297**	**100**	**35**	**66**
25	98	46	52	12	4	8
26	96	57	38	20	7	13
27	133	80	52	15	4	11
28	180	90	89	22	10	13
29	184	119	65	31	10	21

续表7

单位：人

年龄	离婚			丧偶		
	小计	男	女	小计	男	女
30-34	**1286**	**800**	**486**	**299**	**102**	**197**
30	194	118	75	40	13	27
31	230	140	90	43	14	29
32	265	161	104	58	24	34
33	277	175	102	80	29	51
34	321	206	115	78	22	56
35-39	**2051**	**1270**	**781**	**711**	**288**	**423**
35	377	225	152	96	41	55
36	389	248	141	107	46	61
37	403	253	150	138	55	84
38	425	267	158	178	70	108
39	457	277	180	192	77	115
40-44	**2130**	**1284**	**846**	**1470**	**518**	**953**
40	363	234	129	214	86	128
41	397	240	157	278	93	185
42	392	235	157	246	92	153
43	453	273	179	319	107	212
44	526	302	224	414	139	275
45-49	**1362**	**826**	**536**	**1680**	**551**	**1129**
45	384	227	156	381	117	264
46	212	122	90	193	69	124
47	215	132	84	318	104	214
48	273	175	98	291	87	203
49	278	170	108	498	173	325

续表8

单位：人

年 龄	离 婚			丧 偶		
	小计	男	女	小计	男	女
50-54	**1232**	**734**	**498**	**3664**	**1244**	**2421**
50	305	183	122	606	207	399
51	282	166	116	603	193	410
52	240	133	106	717	231	486
53	232	129	103	883	310	573
54	173	122	51	856	303	553
55-59	**671**	**427**	**244**	**4918**	**1630**	**3288**
55	168	108	60	915	300	615
56	137	85	52	899	300	599
57	129	80	50	1018	342	677
58	140	90	50	1071	360	711
59	96	65	31	1016	329	687
60-64	**428**	**294**	**133**	**6140**	**1900**	**4240**
60	110	74	36	1265	423	842
61	100	70	29	1180	355	826
62	80	43	37	1170	347	823
63	84	64	20	1240	393	847
64	54	43	11	1285	382	903
65+	**585**	**357**	**228**	**38416**	**11631**	**26784**

表11 全国育龄妇女分年龄、孩次的生育状况

(2006.11.1-2007.10.31)

单位：人、‰

年龄	平均育龄妇女人数	出生人数	生育率	一孩	
				出生数	生育率
总计	**324810**	**12169**	**37.46**	**8133**	**25.04**
15-19	**46481**	**178**	**3.83**	**166**	**3.58**
15	8513				
16	8761		0.03		0.03
17	10578	12	1.11	10	0.94
18	9883	61	6.20	58	5.86
19	8745	105	11.98	98	11.25
20-24	**40081**	**3755**	**93.67**	**3422**	**85.39**
20	9285	366	39.41	349	37.56
21	8471	696	82.12	658	77.74
22	7365	793	107.66	728	98.85
23	7507	888	118.26	804	107.11
24	7454	1012	135.82	883	118.50
25-29	**39510**	**4100**	**103.78**	**2905**	**73.53**
25	8546	1023	119.66	842	98.49
26	7743	865	111.67	671	86.70
27	7485	840	112.26	583	77.87
28	7908	751	94.94	462	58.47
29	7828	622	79.44	347	44.29

续表1

单位：人、‰

年　龄	平均育龄妇女人数	出生人数	生育率	一　孩	
				出生数	生育率
30-34	**44130**	**2310**	**52.34**	**867**	**19.65**
30	7435	509	68.49	216	29.00
31	8316	552	66.32	231	27.78
32	8670	475	54.76	172	19.84
33	9499	405	42.67	138	14.57
34	10211	369	36.14	110	10.77
35-39	**58270**	**1189**	**20.41**	**405**	**6.95**
35	10597	310	29.26	91	8.62
36	11120	278	24.97	104	9.34
37	12464	262	20.99	74	5.95
38	11571	174	15.03	63	5.42
39	12518	166	13.27	73	5.84
40-44	**58198**	**390**	**6.70**	**205**	**3.52**
40	10204	98	9.63	50	4.90
41	11657	89	7.59	42	3.58
42	11798	74	6.26	37	3.15
43	11442	69	5.99	39	3.43
44	13097	61	4.62	36	2.78
45-59	**38140**	**198**	**5.19**	**122**	**3.20**
45	10185	48	4.69	21	2.11
46	5743	31	5.34	18	3.09
47	7163	47	6.50	38	5.26
48	6421	26	4.00	18	2.74
49	8629	47	5.48	27	3.18

续表2

单位：人、‰

地　区	二　孩		三孩及以上	
	出生数	生育率	出生数	生育率
总　计	**3590**	**11.05**	**446**	**1.37**
15-19	**12**	**0.25**		
15				
16				
17	2	0.17		
18	3	0.34		
19	6	0.72		
20-24	**308**	**7.68**	**24**	**0.61**
20	14	1.56	3	0.29
21	36	4.22	1	0.16
22	60	8.10	5	0.71
23	80	10.68	3	0.46
24	118	15.77	12	1.56
25-29	**1102**	**27.90**	**93**	**2.35**
25	169	19.83	11	1.34
26	174	22.46	19	2.51
27	237	31.63	21	2.76
28	259	32.76	29	3.70
29	263	33.61	12	1.55

续表3

单位：人、‰

地　区	二　孩		三孩及以上	
	出生数	生育率	出生数	生育率
30-34	**1259**	**28.53**	**184**	**4.17**
30	256	34.49	37	5.00
31	270	32.45	51	6.08
32	267	30.85	35	4.06
33	239	25.14	28	2.96
34	226	22.17	33	3.20
35-39	**683**	**11.71**	**102**	**1.75**
35	198	18.70	21	1.95
36	152	13.71	21	1.92
37	157	12.58	31	2.46
38	91	7.83	21	1.78
39	84	6.75	8	0.67
40-44	**159**	**2.72**	**26**	**0.46**
40	44	4.28	5	0.45
41	43	3.68	4	0.33
42	27	2.30	10	0.81
43	26	2.26	3	0.30
44	19	1.45	5	0.39
45-59	**60**	**1.58**	**16**	**0.41**
45	21	2.04	6	0.55
46	11	1.95	2	0.31
47	9	1.23		
48	5	0.76	3	0.50
49	15	1.71	5	0.59

表12 全国分年龄、性别的死亡人口状况

(2006.11.1-2007.10.31)

单位：人、‰

年龄	年平均人口			死亡人口			死亡率		
	合计	男	女	合计	男	女	合计	男	女
总 计	**1186609**	**601624**	**584985**	**6696**	**3815**	**2880**	**5.64**	**6.34**	**4.92**
0-4	**54380**	**30051**	**24329**	**106**	**47**	**59**	**1.95**	**1.55**	**2.44**
0	6882	3841	3041	65	22	43	9.38	5.65	14.10
1	11218	6221	4998	17	12	4	1.50	2.00	0.88
2	12104	6765	5339	9	3	6	0.72	0.39	1.13
3	12402	6793	5609	7	4	3	0.54	0.53	0.56
4	11774	6431	5342	9	6	3	0.78	0.98	0.54
5-9	**68224**	**37290**	**30934**	**31**	**24**	**7**	**0.45**	**0.63**	**0.23**
5	12711	6913	5797	9	5	4	0.73	0.76	0.68
6	13340	7206	6134	7	7		0.52	0.97	
7	13882	7675	6208	1			0.05	0.03	0.08
8	13492	7340	6152	5	3	2	0.39	0.44	0.33
9	14798	8156	6642	9	8	1	0.58	0.98	0.09
10-14	**84289**	**45349**	**38940**	**21**	**14**	**6**	**0.25**	**0.32**	**0.17**
10	15295	8337	6959	5	3	2	0.32	0.36	0.26
11	16067	8659	7408	1	1		0.06	0.12	
12	17179	9269	7909	3	3	1	0.20	0.31	0.07
13	17040	9165	7874	4	3	1	0.23	0.34	0.11
14	18708	9918	8790	8	4	3	0.41	0.45	0.37

续表1

单位：人、‰

年龄	年平均人口			死亡人口			死亡率		
	合计	男	女	合计	男	女	合计	男	女
15-19	**98935**	**52449**	**46486**	**35**	**22**	**12**	**0.35**	**0.43**	**0.27**
15	18658	10144	8514	5	4	1	0.24	0.36	0.11
16	18760	9999	8762	7	5	2	0.39	0.52	0.25
17	22830	12250	10580	5	3	2	0.22	0.24	0.19
18	20619	10736	9883	9	6	3	0.43	0.51	0.33
19	18068	9321	8747	9	5	4	0.52	0.57	0.46
20-24	**78644**	**38546**	**40098**	**71**	**47**	**24**	**0.91**	**1.23**	**0.60**
20	18810	9523	9287	7	6	2	0.39	0.58	0.19
21	16442	7970	8472	20	15	5	1.19	1.86	0.57
22	14337	6965	7372	17	9	8	1.19	1.25	1.14
23	14478	6967	7511	15	9	6	1.02	1.28	0.78
24	14578	7122	7456	13	9	3	0.86	1.33	0.42
25-29	**76797**	**37273**	**39524**	**69**	**45**	**24**	**0.90**	**1.20**	**0.62**
25	16574	8025	8549	8	3	5	0.45	0.36	0.54
26	14856	7112	7744	14	8	6	0.92	1.14	0.71
27	14736	7246	7490	18	11	7	1.23	1.58	0.88
28	15436	7525	7911	11	8	3	0.73	1.05	0.43
29	15196	7364	7831	19	14	4	1.22	1.94	0.55

续表2

单位：人、‰

年龄	年平均人口			死亡人口			死亡率		
	合计	男	女	合计	男	女	合计	男	女
30-34	**86809**	**42659**	**44150**	**97**	**66**	**30**	**1.11**	**1.56**	**0.68**
30	14737	7301	7436	15	10	4	1.00	1.43	0.57
31	16402	8078	8324	19	9	9	1.15	1.17	1.14
32	17170	8495	8675	19	13	6	1.08	1.48	0.70
33	18718	9216	9502	25	19	5	1.31	2.11	0.54
34	19783	9569	10214	20	15	5	1.00	1.52	0.52
35-39	**115473**	**57178**	**58295**	**150**	**102**	**48**	**1.30**	**1.78**	**0.82**
35	21137	10540	10597	25	22	3	1.16	2.06	0.26
36	22111	10988	11123	19	15	4	0.87	1.35	0.39
37	24511	12039	12472	29	18	11	1.20	1.53	0.89
38	22850	11275	11576	37	20	17	1.60	1.75	1.46
39	24864	12337	12527	40	27	12	1.59	2.21	0.99
40-44	**115995**	**57745**	**58250**	**256**	**164**	**92**	**2.21**	**2.84**	**1.58**
40	20449	10239	10210	41	31	10	2.01	3.06	0.96
41	23044	11375	11670	45	27	18	1.93	2.37	1.51
42	23492	11685	11807	45	29	16	1.92	2.51	1.35
43	22786	11329	11458	60	34	27	2.65	2.97	2.34
44	26223	13118	13105	65	43	22	2.46	3.26	1.67

续表3

单位：人、‰

年龄	年平均人口			死亡人口			死亡率		
	合计	男	女	合计	男	女	合计	男	女
45-49	**76196**	**38026**	**38170**	**212**	**153**	**60**	**2.79**	**4.02**	**1.56**
45	20138	9948	10190	29	19	10	1.43	1.93	0.94
46	11236	5491	5745	21	15	7	1.91	2.73	1.14
47	12937	6513	6424	51	38	13	3.96	5.90	1.98
48	14460	7292	7168	43	32	12	3.00	4.34	1.64
49	17424	8781	8643	68	49	19	3.88	5.53	2.20
50-54	**92680**	**46743**	**45937**	**374**	**228**	**146**	**4.03**	**4.88**	**3.17**
50	19734	10049	9685	75	47	29	3.81	4.63	2.97
51	17784	8915	8869	76	50	26	4.29	5.61	2.96
52	18998	9445	9554	68	41	28	3.60	4.32	2.88
53	18914	9535	9379	65	39	26	3.41	4.08	2.74
54	17250	8799	8451	90	52	37	5.19	5.92	4.43
55-59	**73463**	**37107**	**36356**	**432**	**257**	**175**	**5.89**	**6.93**	**4.82**
55	17842	8941	8902	73	45	28	4.09	5.03	3.15
56	14848	7414	7434	71	37	33	4.77	5.05	4.48
57	14698	7524	7174	92	58	33	6.23	7.71	4.67
58	13962	7104	6858	102	64	38	7.30	9.02	5.52
59	12113	6123	5990	95	53	42	7.85	8.60	7.08

续表 4

单位：人、‰

年 龄	年平均人口			死亡人口			死亡率		
	合计	男	女	合计	男	女	合计	男	女
60-64	**51237**	**26091**	**25146**	**468**	**285**	**183**	**9.13**	**10.93**	**7.27**
60	12328	6315	6012	79	56	24	6.43	8.79	3.94
61	10802	5517	5285	69	48	21	6.43	8.76	4.00
62	9964	4955	5009	107	68	39	10.71	13.64	7.81
63	9462	4832	4630	100	54	46	10.58	11.16	9.96
64	8681	4472	4210	112	60	53	12.95	13.36	12.51
65-69	**40239**	**20551**	**19688**	**741**	**459**	**281**	**18.40**	**22.34**	**14.30**
65	8536	4342	4194	132	84	48	15.44	19.39	11.34
66	8445	4264	4181	124	84	40	14.72	19.66	9.68
67	8360	4300	4060	131	80	51	15.67	18.59	12.58
68	7025	3595	3430	171	105	67	24.40	29.09	19.49
69	7873	4050	3824	182	107	76	23.12	26.30	19.75
70-74	**33788**	**16721**	**17067**	**1014**	**598**	**416**	**30.01**	**35.78**	**24.36**
70	7525	3805	3720	196	105	92	26.07	27.51	24.60
71	7062	3557	3505	210	130	80	29.78	36.51	22.94
72	6816	3399	3418	225	141	85	33.06	41.34	24.82
73	6062	2889	3174	184	118	66	30.34	40.92	20.70
74	6323	3072	3251	198	105	93	31.35	34.17	28.69

续表5

单位：人、‰

年龄	年平均人口			死亡人口			死亡率		
	合计	男	女	合计	男	女	合计	男	女
75-79	**21512**	**10360**	**11152**	**1045**	**581**	**464**	**48.59**	**56.13**	**41.59**
75	5112	2460	2651	225	122	103	44.11	49.65	38.96
76	4631	2324	2308	215	129	86	46.36	55.58	37.07
77	4727	2285	2442	200	115	85	42.33	50.28	34.90
78	3427	1581	1845	190	96	94	55.30	60.59	50.77
79	3615	1709	1906	216	119	96	59.62	69.88	50.43
80-84	**11723**	**5166**	**6557**	**824**	**415**	**410**	**70.32**	**80.29**	**62.46**
80	3308	1469	1839	190	98	92	57.57	67.04	50.00
81	2524	1105	1420	192	100	92	75.90	90.16	64.80
82	2218	1001	1217	161	92	69	72.60	91.93	56.70
83	2050	894	1156	162	71	91	79.19	79.50	78.95
84	1622	696	925	119	54	65	73.29	76.87	70.60
85-89	**4671**	**1868**	**2803**	**480**	**218**	**263**	**102.86**	**116.43**	**93.82**
85	1385	600	785	123	66	57	89.10	110.65	72.62
86	1195	469	726	133	59	74	111.24	125.39	102.10
87	972	392	581	92	37	55	94.74	95.65	94.13
88	631	253	378	83	33	49	130.96	131.56	130.56
89	488	154	334	49	22	28	101.23	139.55	83.50
90+	**1552**	**450**	**1101**	**270**	**90**	**180**	**173.97**	**200.00**	**163.49**